BücherFrauen e. V. (Hrsg.)

MehrWert

BücherFrauen e. V. (Hrsg.)

MehrWert

Arbeiten in der Buchbranche heute

ULRIKE HELMER VERLAG

Bibliografische Information der Deutschen Nationalbibliothek
Die Deutsche Nationalbibliothek verzeichnet diese Publikation in der Deutschen Nationalbibliografie; detaillierte bibliografische Daten sind im Internet über http://dnb.d-nb.de abrufbar.

Bibliographic information published by the Deutsche Nationalbibliothek
The Deutsche Nationalbibliothek lists this publication in the Deutsche Nationalbibliografie; detailed bibliographic data are available in the Internet at http://dnb.d-nb.de.

ISBN 978-3-89741-310-8

Projektgruppe: Brigitte Beier, Anja Frentzel, Judith Grubel, Dagmar Schemske, Karina Schmidt, Silke Weniger, Dr. Edda Ziegler
Schlusskorrektur: Vera Seehausen
Herstellung: Rafaela Nimmesgern, Hamburg
Druck und Bindung: Westermann Druck Zwickau GmbH
Printed in Germany

Ulrike Helmer Verlag
Neugartenstraße 36c, D-65843 Sulzbach/Taunus
E-Mail: info@ulrike-helmer-verlag.de

www.ulrike-helmer-verlag.de

Inhalt

Vorwort 7

„Die Damen sind mechanisch thätig“
Zur Geschichte der Frauen in der Buchbranche 11

Büchermenschen in Deutschland 21
Eine aktuelle Studie über die berufliche Situation und die Bedingungen beruflicher Karrieren von Männern und Frauen im deutschen Buchhandel und Verlagswesen

- Medienberufe sind Traumberufe 21
- Wie ‚weiblich‘ sind Buchhandel und Verlagswesen? 23
- Anlage der Studie „Büchermenschen in Deutschland“ 30
- Akademisiert, hoch motiviert, zufrieden – und kinderlos. Ergebnisse auf den Punkt gebracht 32
- Kleiner Unterschied mit großer Wirkung: Frauen und Männer im Berufsfeld 52
- Schlussbetrachtung 74
- Quellenverzeichnis 78

UrheberInnen – Kann man vom Schreiben und Übersetzen leben? 83

IllustratorInnen – Beruf oder brotlose Kunst? 91

LiteraturagentIn – Ein Beruf ohne gläserne Decke? 97

Am anderen Ende des Buchmarkts: Antiquariate 103

BibliothekarIn – Zwischen Tradition und Innovation 109

Frauenkarrieren und Quotenmänner.
Einstieg in die Buchbranche 113

Ausblick 119

Bildnachweis 122

Autorinnen dieses Bandes 123

Vorwort

Ob mit einem klassischen Ausbildungsberuf, einem Studium, dem Quereinstieg oder durch Learning by Doing, wer sich für einen Beruf in der Buchbranche entscheidet, tut das meist vor allem aus Begeisterung und Liebe für Bücher. Und trotzdem: Will man von und mit dem Beruf leben, müssen bei aller Leidenschaft für die Arbeit auch das Einkommen, die Entwicklungsmöglichkeiten und die Vereinbarkeit von Privat- und Berufsleben stimmen. Wie sieht es damit heute in den Buchberufen aus? Was wird verdient? Und wie zufrieden sind die Büchermenschen mit ihren Arbeitsbedingungen? Diskutiert wird darüber viel, aber konkretes Zahlenmaterial gab es bisher allenfalls für einzelne Teilbereiche.

Das Netzwerk *BücherFrauen e.V.* hat 2009 die Initiative ergriffen, dies zu ändern, und eine Studie in Auftrag gegeben, die die Arbeitssituation in den Buchberufen genauer unter die Lupe nimmt. Es ist die erste Untersuchung des Berufsfelds Buchbranche, die berufsübergreifend ist und außerdem die Unterschiede der Arbeitssituation für Frauen und Männer in den Fokus nimmt.

Anlass für die Initiative war ein Jubiläum: 2010 jährt sich die Gründung des Netzwerks der *BücherFrauen* zum 20. Mal. Als Branchenverband, der die Interessen von Frauen vertritt, die angestellt, freiberuflich oder als Selbstständige in Berufen rund ums Buch arbeiten, ist es uns natürlich ein Anliegen, konkrete Zahlen darüber zu haben, wie sich die Arbeitsbedingungen in den Buchberufen heute darstellen – auch um die Ansatzpunkte unserer weiteren Arbeit festzulegen. Als der Verein *BücherFrauen e.V.* 1990 nach dem Vorbild der englischen *Women in Publishing* gegründet wurde, waren die wesentlichen Ziele, gleiche Arbeitseinkommen und Karrierechancen für Frauen und Männer und eine bessere Vereinbarkeit von Familie und Beruf zu erstreiten. Sind diese Ziele heute noch aktuell? Stellen sich die Karrieremöglichkeiten für Frauen in einer Branche, die derzeit einen Frauenanteil von rund 80 %

hat, heute anders dar? Verdienen Frauen heute genauso viel wie ihre männlichen Kollegen? Oder haben sich mittlerweile vielleicht ganz andere Fragestellungen ergeben?
Eine eigene Studie in Auftrag zu geben ist ein großes Projekt, aber es bot auch die Chance, die Fragen zu stellen, die für uns von Interesse sind. Dazu zählt z. B., nicht nur nach dem Einkommen zu fragen, sondern auch danach, wie oft darum verhandelt wird und mit welchem Erfolg. Oder nicht nur danach zu fragen, wie zufrieden die Einzelnen mit ihrer beruflichen Situation sind, sondern auch, welche Kriterien sie für diese Zufriedenheit anlegen.
Wir freuen uns sehr, dass wir Prof. Dr. Romy Fröhlich als Verantwortliche für die Durchführung der Studie und die Konzeptionierung des Online-Fragebogens zur Erhebung der Daten gewinnen konnten. Sie ist Professorin für Kommunikationswissenschaft am Institut für Kommunikationswissenschaft und Medienforschung der Ludwig-Maximilians-Universität in München mit dem Forschungsschwerpunkt Berufsfeldforschung – vor allem für Medienberufe. Ihrer Erfahrung und ihrer fundierten Analyse ist es zu verdanken, dass wir nun konkrete Zahlen zu unseren Fragestellungen haben. Die Ergebnisse der Studie hat sie für die vorliegende Publikation zusammengefasst und stellt sie in diesem Band erstmals vor. Wir danken ihr herzlich für ihr großes Engagement und die konstruktive Zusammenarbeit.
Fundierte Aussagen über ein Berufsfeld lassen sich letztlich jedoch immer nur dann machen, wenn genügend Menschen an der Befragung zur Datenerhebung teilnehmen. Und das war bei unserer Studie der Fall: 1.234 komplett ausgefüllte Fragebögen, dieser große Rücklauf und die Resonanz weit über die *BücherFrauen* hinaus zeigen, dass wir mit unserem Interesse an konkretem Zahlenmaterial nicht allein stehen. Unser Dank gilt allen, die uns dabei geholfen haben, auf den Online-Fragebogen aufmerksam zu machen und den Link zu verbreiten – und natürlich all denjenigen, die teilgenommen haben.

Die Befragung zur Datenerhebung richtete sich an alle fest angestellten Männer und Frauen aus Verlagen, Zwischenbuchhandel und Buchhandel, VerlegerInnen und InhaberInnen von Buchhandlungen sowie Freie aus den Bereichen Lektorat, Herstellung und Verlagsvertretung. Ihre berufliche Situation schien uns mit einem standardisierten Fragebogen am besten erfassbar zu sein. Natürlich gibt es darüber hinaus weitere Berufsgruppen, die in einem Buch zur Arbeitssituation in der Buchbranche nicht fehlen dürfen. Dazu gehören vor allem die kreativen Berufe wie die der AutorInnen, ÜbersetzerInnen und IllustratorInnen, aber auch die der AntiquarInnen und BibliothekarInnen und das in Deutschland noch junge Berufsfeld der LiteraturagentInnen. Ihre Arbeitssituation stellen Expertinnen in eigenen Kapiteln vor. Schließlich darf ein Blick auf den Einstieg in die Branche nicht fehlen. Diesem Aspekt widmet sich das letzte Kapitel des Buches.

Heute arbeiten in den Buchberufen zum größten Teil Frauen. Um in Erinnerung zu rufen, dass das nicht immer so war und die Pionierinnen mit erheblichen Widerständen zu kämpfen hatten, beginnen wir das Buch mit einem kurzen Überblick über die Geschichte der Frauen in der Buchbranche.

Zu ihrem 20-jährigen Jubiläum legen die *BücherFrauen* hier einen Band vor, der fundiertes Datenmaterial über die Arbeitssituation von Frauen und Männern präsentiert, die mit Büchern zu tun haben. Es stellt manches gängige Erklärungsmuster infrage und bietet zahlreiche Ansätze, konkret über die Zukunft unserer Branche zu diskutieren.

Wir danken allen unseren SponsorInnen für die Unterstützung dieses Buchprojekts, ohne die es in dieser Form nicht hätte erscheinen können, und freuen uns, dass es im Ulrike Helmer Verlag seine Heimat gefunden hat.

Karina Schmidt
BücherFrauen e.V., 1. Vorsitzende

Es empfiehlt sich, die Suppe in einer
das gibt der Sache etwas über-
Komplikationen könnten lediglich
eine ganze Zeit im Voraus er-
lange genug abkühlen
Natürlich tut es auch
um den Knalleffekt.
tische man einfach
vor lauter gastronautischer

„Die Damen sind mechanisch thätig" Zur Geschichte der Frauen in der Buchbranche

Frauen haben eine besondere Beziehung zum Buch. Sie lesen mehr, sie kaufen mehr – und sie sind es auch, die die Buchbranche unermüdlich vorantreiben. Stück für Stück, Jahr für Jahr. Längst sind sie bis in den letzten Winkel der Branche vorgestoßen, arbeiten als Buchhändlerinnen, Verlegerinnen, freie und angestellte Lektorinnen, Vertreterinnen oder Agentinnen. Das alles ist mittlerweile so selbstverständlich, dass heute kaum noch jemand danach fragt, wie es dazu kam. Weil die Tatsachen für sich sprechen? Und weil man glaubt, die Antworten sowieso schon zu kennen?

Werner Adrian publizierte 1998 die erste Dokumentation zur Geschichte der Frauen im Buchhandel

Werner Adrian, einst Verleger des Spee Verlags und des Paulinus Verlags in Trier, hat sich trotzdem auf die Suche gemacht. Akribisch sichtete er unzählige historische Quellen, zog Parallelen, analysierte. Vor zwölf Jahren machte er dann seine Ergebnisse öffentlich: Unter der Überschrift „Frauen im Buchhandel" publizierte er eine „Dokumentation zur Geschichte einer fast lautlosen Emanzipation" (In: Archiv für Geschichte des Buchwesens, 50, 1998, S. 147–250); der Aufsatz ist bislang einer der wenigen Versuche geblieben, die besondere Beziehung zwischen Frauen und Buchbranche systematisch zu ergründen.

Dass er dabei in die tiefsten Niederungen der Kulturgeschichte vordringen würde, muss Adrian selbst überrascht haben. Sein Text liest sich heute wie eine Anklage. Der Autor sucht Distanz, verwendet das Vokabular eines Kriegers. Warum er im Untertitel seines Aufsatzes von einer fast lautlosen Emanzipation spricht? Frauen hätten sich „bei ihrem konfliktbegleiteten Vordringen in den Buchhandel zunächst still, eben lautlos", verhalten und „später in der Verfechtung ihrer Belange durchweg ruhig und sachlich" argumentiert, meint er. „Ganz im Unterschied hierzu verteidigten die Männer vielfach ‚ihren' als Domäne angesehenen Buchhandel mit lärmendem Wortgetöse." Doch der Reihe nach.

Erste Spuren von Frauen, die Bücher verlegen oder mit ihnen handeln, finden sich schon im Mittelalter – etwa in Paris, wie Bärbel Wegner vermerkt („Die Freundinnen der Bücher“, Ulrike Helmer Verlag, 2001): An der um 1200 gegründeten Universität, der Sorbonne, verkauften sie den Gelehrten lateinische Schriften. Adrian lässt das jedoch nicht gelten. Er setzt den Beginn der Geschichte der Frau im Buchhandel etwa 200 Jahre später an – mit Gutenbergs Erfindung, also dem Beginn des neuzeitlichen Buchhandels.

Frauen hatten zu den Druckerstuben kaum Zutritt, solange ihr Mann lebte

In den Druckerstuben der damaligen Zeit liefen alle Fäden zusammen. Hier wurde sowohl gedruckt als auch verlegt und gehandelt. Frauen hatten zu dieser Welt kaum Zutritt, solange ihr Mann lebte. Starb dieser, gerieten sie in eine Zwickmühle: Um die Konzession nicht zu verlieren, mussten sie stets im Hintergrund bleiben – indem sie entweder erneut heirateten oder einen Gesellen in die vorderste Reihe stellten. An dieser Situation änderte sich über Jahrhunderte nichts.

Die meisten dieser Konzessionskonflikte sind seit Langem vergessen. In Erinnerung ist der Branche im Grunde nur noch einer – und zwar der Streit zwischen Anna Maria Pustet und Johann Philipp Palm: Als Anton Pustet 1805 starb, erhielt seine Witwe Anna Maria die Erlaubnis, die Geschäfte in Passau fortzuführen – bildende Volksschriften zu verlegen und andere Bücher zu verkaufen. Palm, legendärer Buchhändler aus Nürnberg, legte prompt Beschwerde dagegen ein. Seine Begründung lautete: Gewerbebeeinträchtigung. Wie Adrian notiert, wurde zäh verhandelt, bis am Ende Palm zurückstecken musste.

Das Wortgetöse, von dem er spricht, setzte jedoch erst später ein, ab Mitte des 19. Jahrhunderts. Die Debatten verlagerten sich aus dem Privaten zunehmend ins Öffentliche, drehten sich immer seltener um Einzelfälle, sondern eher um das große Ganze: um Geld und den Erhalt des Status quo, mangelnde Fähigkeiten, Bildungsprivilegien, Moral und die Bestimmung der Frau.

Ein Beispiel aus dieser Serie von öffentlichen Beiträgen ist die sogenannte Humoreske „Der erste weibliche Kommis im Buchhandel" (Silbermann Verlag, 1880). Das Bändchen wurde von dem Buchhändler, Fachautor und Verleger Friedrich Hermann Eduard Volger verfasst, der es aber unter Pseudonym veröffentlichte (A. Winterfeld). Der Plot: Eine junge Frau nimmt – inkognito – eine Stelle als Gehilfe, also Kommis, in einem Leipziger Kommissionsgeschäft an. Sie trägt Männerkleidung. Dass sie eine Frau ist, kann sie aber nicht lange verheimlichen, dann kündigt sie schließlich und: heiratet.

Mit großem „Wortgetöse" wurde vor Frauen im Buchhandel gewarnt

Ende gut, alles gut? Weit gefehlt. Dieser dünnen Geschichte ist eine düstere Schlussbetrachtung zum Thema angehängt, in der Volger davon spricht, dass mehr als 1.000 Frauen bereits im Buchhandel arbeiten würden. „Deutscher Buchhandels-Gehülfe, Du wirst Dich bald begraben lassen können!", warnt er seine Standeskollegen. Anders als das Drama um die Frau im Abseits dürfte diese Aussage alles andere als humorig gemeint gewesen sein. Was indessen feststeht: Sie war völlig übertrieben. Denn noch ist es eher so, dass Buchhändler ihre Witze über Kolleginnen machen. Um 1870 kursierte unter den Gehilfen der folgende Sechszeiler:

Hauptgenusregel ist, mein Kind,
Buchhändler meistens männlich sind.
Die Weiber alle, bei dem Styx,
Sie taugen im Buchhandel nix.
Wenn du vermagst, o Söhnlein es
so meide alles Weibliches.

Durch die Bildungsoffensive der alten Frauenbewegung wurde der Beruf der Buchhändlerin für junge Frauen interessant

Zu einer wirklichen Bedrohung wurden Frauen – aus der Sicht der Buchhändler – erst, als es der Frauenbewegung gelang, mit ihrer Bildungsoffensive tatsächlich die Basis für mehr Gleichberechtigung zu legen: In den 90er-Jahren des 19. Jahrhunderts entstanden in vielen Großstädten Mädchengymnasien. Dabei ging es nicht nur darum, Frauen ein Studium und eine akademische Laufbahn zu ermöglichen, sondern eigenes Geld zu verdienen – in einem qualifizierten Beruf. Und da stand der Buchhandel hoch im Kurs.

Die Gehilfen versuchten daraufhin nun ihrerseits, einen Stein ins Rollen zu bringen. 1893 schrieben jüngere Buchhändler ihre Ängste nieder und schickten den Brief an die Vorstände der buchhändlerischen Vereine und Kooperationen. Sie hofften darauf, die Oberen der Branche zur Vernunft zu bringen. Was aus ihrer Sicht bedeutete: auf Mitarbeiterinnen komplett zu verzichten. „Ganz abgesehen davon, daß Frauenarbeit im Staatsdienst auf dem Aussterbe-Etat steht, haben sich weibliche Hilfskräfte auch im Handelsstande, in Anstellungen als Korrespondentinnen, Buchhalterinnen u.s.w. als unzuverlässig erwiesen", argumentieren sie – und können den wahren Grund ihres Schreibens doch nicht verbergen. Am Ende ihres Appells knicken sie ein, reden statt von Unterlegenheit nun von Konkurrenz, durch die die ohnehin niedrigen Löhne weiter sinken könnten.

1895 wunderte sich Eliza Ichenhäuser in einem Aufsatz darüber, dass nicht mehr Frauen im Buchhandel arbeiten

Viel Resonanz bekamen sie nicht. Das schaffte erst Eliza Ichenhäuser: Die Berliner Journalistin und Frauenrechtlerin löste zwei Jahre später, 1895, mit ihrem Aufsatz über „Die Buchhändlerin" einen regelrechten Sturm aus. Ichenhäuser wundert sich darüber, warum sich trotz guter Verdienstaussichten nur wenige Frauen für den Buchhandel interessieren und Inhaber ihre weiblichen Familienmitglieder nicht stärker in ihr Geschäft einbeziehen würden. Eine Kostprobe der Reaktionen darauf: „Ad primum ist wohl sicher keine einzige Dame im Buchhandel thätig, die den Namen *Buch*händlerin zu führen nur annähernd berechtigt ist", kritisierte ein Verleger unter dem Kürzel E. N. im „Börsenblatt für den Deutschen Buchhandel". „Es giebt Damen, die Bücher verkaufen, genau wie es solche giebt, die Wurst verkaufen, d. h. die Damen sind mechanisch thätig." Eine Frau, die Bücher verlegt? Das sei „einfach unmöglich", meinte E. N. Frauen seien allenfalls in kaufmännischen Ressorts nützlich.

Wie viele Frauen in der Branche arbeiten, wurde zum ersten Mal 1882 im Rahmen der allgemeinen Berufszählung des Deutschen Reiches untersucht. Die Statistik war weit gefasst: Sie verzeichnete insgesamt 22.257 Beschäftigte – im Buch-, Kunst- und Musikalienhandel, in Buch- und Zeitungsverlagen sowie Leihbibliotheken. 2.763 der Angestellten seien weiblich, notierten die Beamten – 12,4 %.

Rund 40 Jahre später sah die Statistik schon deutlich anders aus. Laut Berufs- und Betriebszählung von 1925 gab es 15.475 Betriebe, 3.100 davon waren Verlage, 12.375 Sortimentsbuchhandlungen (inkl. Musikalien- und Kunstbuchhandel sowie Leihbibliotheken). Summa summarum hatten die Unternehmen 42.842 MitarbeiterInnen – darunter mehr als ein Drittel Frauen (37 %; 15.965 Mitarbeiterinnen). Den Sprung vom Angestelltendasein zur Prokura oder gar in die Selbstständigkeit schafften indessen nur wenige. Aufgeschlüsselt nach der wirtschaftlichen Stellung sah die Statistik von 1925 so aus:

Berufs- und Betriebszählung von 1925		davon weiblich
Selbstständige und PächterInnen	10.850	2.041 (18,8 %)
Angestellte	23.537	10.697 (45,4 %)
ArbeiterInnen	6.409	1.417 (22,1 %)
Mithelfende Familienangehörige	2.046	1.810 (88,4 %)

Diese Veränderung hatte vor allem drei Ursachen. Erstens kamen immer mehr gut ausgebildete Mädchen aus deutschen Schulen; zweitens hatte eine allgemeine Bewusstseinsänderung eingesetzt, die sich unter anderem im Wahlrecht für Frauen (erstmals 1919) und auch in der Verfassung des Deutschen Reiches niederschlug (Artikel 109: „Männer und Frauen haben grundsätzlich dieselben staatsbürgerlichen Rechte und Pflichten."); und drittens waren da noch die Industrialisierung, die dazu führte, dass Männer zunehmend in lukrativere Branchen abwanderten – und der Erste Weltkrieg.

Bis 1914 wurden Frauen bestenfalls als Sekretärinnen oder Stenotypistinnen beschäftigt. Als dann der Krieg begann und kaum noch Männer als Arbeitskräfte verfügbar waren, mussten Verleger und Buchhändler zwangsweise umdenken – also Frauen einstellen. Einer von ihnen war der Berliner Buchhändler und Verleger R. L. Prager, der in den „Berliner Briefen" 1917 bekannte: „Wer hätte je geglaubt, dass der Krieg die Frauenfrage in einer Weise fördern würde, wie es der Friede nie hat tun können! (...) Auch im Buchhandel sind seit langem Frauen als tätige und tüchtige Mithelfer geschätzt."

Katharina Kippenberg vertrat ihren Mann im Ersten Weltkrieg als Chefin des Insel Verlags und erhielt 1918 Prokura

Als prominentestes Beispiel dafür kann Katharina Kippenberg gelten, die ihren Mann ab 1914, kriegshalber, als Chefin des Insel Verlags vertrat und nach dieser Bewährungsphase 1918 Prokura erhielt.

Prager machte sich mit seinen Einsichten sicher nicht nur Freunde. Es gab weiterhin notorische Gegner der Gleichberechtigung – Verfassung hin, Arbeitskräftemangel her. So wurde unter anderem versucht, weiterhin keine tarifliche Gleichheit herzustellen. Frauen bekamen durchschnittlich 10 % weniger Lohn als ihre männlichen Kollegen, wie Adrian bei seiner Recherche herausgefunden hat. Immerhin: Selbst in der Zeit des Dritten Reiches waren Frauen auf ihrem Weg Richtung Buchbranche nicht mehr aufzuhalten. Wann sie zahlenmäßig zum ersten Mal die Männer überholten, lässt sich jedoch allenfalls vermuten – mit Blick aufs Sortiment.

Laut Ausbildungsstatistik des *Börsenvereins* waren 1934 rund 45 % der Auszubildenden im Buchhandel weiblich, 1936 lag die Quote bei 40,2 % und zu Beginn der Wirtschaftswunderjahre, 1951, bei 56,4 %. Ihren vorläufigen Höchststand erreichte die Frauenquote 1961: Vier von fünf Ausbildungsverträgen wurden von Mädchen abgeschlossen (80,6 %). Von hier aus ging es in der Folgezeit nur noch minimal nach oben – auf maximal 84 %.

Ausgehend von dieser Langzeitmessung hat sich die Erkennt-
Ausgehend von dieser Langzeitmessung hat sich die Erkennt-
nis schließlich durchgesetzt: Ja, die Buchbranche ist (zu 80 %) weiblich. Pi mal Daumen dürfte das auch stimmen – eine Statistik aber, die die Zahl der Buchhändlerinnen genau angibt, existiert bis heute nicht (Angestellte im Einzelhandel mit Büchern insgesamt, 2009: 33.700; Statistisches Bundesamt). Im Unterschied dazu wird bei Verlagen längst genauer hingeschaut. Von den laut Bundesagentur für Arbeit insgesamt 130.448 Beschäftigen im Jahr 2009 waren knapp zwei Drittel weiblich (74.281; 57 %) – bei den Auszubildenden lag die Quote bei rund 70 %; 2009 zählte die Deutsche Industrie- und Handelskammer 2.325 angehende Medienkaufleute (weibliche Auszubildende im Buchhandel, 2009: 1.556; 83 %).

2009 waren 70 % der angehenden Medienkaufleute und 83 % der angehenden BuchhändlerInnen Frauen

So unsicher die Details auch sind: Dass in der Branche zumeist Frauen arbeiten, zieht heute niemand in Zweifel – schon gar nicht, wer je einmal auf der Frankfurter Buchmesse unterwegs war. Seit den 1950er-Jahren hat sich die Situation grundlegend, wenn auch nur allmählich, verändert.

Heute treiben Frauen das Geschehen in der Branche voran, die meisten als Inhaberinnen einer kleinen oder mittleren Buchhandlung und eines kleinen oder mittleren Verlags. Das heißt: Sie geben der Branche, die traditionell einen hohen Anteil an Klein- und Kleinstunternehmen hat, zwar ihr Gesicht. Doch über die Richtung, in die sie sich bewegt, bestimmen nach wie vor zumeist Männer: Weil sie weiterhin die größten Unternehmen lenken und auch im Verband, dem *Börsenverein*, das Sagen haben. Dem Branchenmagazin „buchreport" zufolge wurden 2009 nur 19 % der Führungsposten in den 50 größten Buchhandlungen im deutschsprachigen Raum von Frauen besetzt, bei den 100 größten Verlagen 29 %.

Deshalb aber gleich mit den Zähnen zu knirschen, wäre unangebracht. Karriere zu machen, ist für Frauen in nahezu allen Branchen gleich schwierig, wie verschiedene Studien nahelegen. Auf politischer Ebene wird derzeit auffallend häufig über die Einführung einer Frauenquote in der Wirtschaft debattiert, mal mit mehr und mal mit weniger Pathos in der Stimme. Ein Gesetz soll aber vorerst nicht kommen; Bundesfamilienministerin Kristina Schröder zumindest meint: „Solange sich wirklich etwas bewegt, kann ich gut auf eine Quote verzichten." Ähnlich dürfte man in der Buchbranche denken – wenn derzeit überhaupt über derlei Themen nachgedacht wird. Im Fokus steht die Frauenfrage jedenfalls nicht.

Tamara Weise

Büchermenschen in Deutschland

Eine aktuelle Studie über die berufliche Situation und die Bedingungen beruflicher Karrieren von Männern und Frauen im deutschen Buchhandel und Verlagswesen

Medienberufe sind Traumberufe

„Jana (18) verbringt ihre Zeit am liebsten mit einem guten Buch. Was liegt da näher, als das Hobby zum Beruf zu machen? Während eines Praktikums in einer Buchhandlung erforscht sie die Welt der Literatur – und alles, was damit zusammenhängt." So eröffnet Ines Schipperges auf der Online-Stellenbörse *stellenbörse.de* in der Rubrik „Erfahrungsberichte" unter dem Stichwort „Traumberuf: Buchhändler" ihren Infotext zum Berufsfeld. Es ist kein Zufall, dass hier mit einem weiblichen Testimonial gearbeitet wird – Jana nämlich –, und es ist auch kein Zufall, dass hier von einem „Traumberuf" die Rede ist, davon, dass man als Buchhändlerin das „Hobby" zum „Beruf" machen könne. So ist das in Deutschland mit Medienberufen: Sie entwickeln sich erstens zu ausgesprochenen Frauenberufen (bzw. sind es bereits), und sie gehören zu jenen Berufsfeldern, in denen die Beschäftigten mit überdurchschnittlich viel Leidenschaft und Hingabe arbeiten. Ob im Journalismus, in den Public Relations oder im Buchmarkt – in all diesen Medienberufen bringen die dort im Kerngeschäft Beschäftigten außergewöhnlich viel Herzblut auf.
Aber: Medienberufe gehören auch zu jenen Arbeitsmarktsegmenten, die von ökonomischen Krisen, einer verschärften Wettbewerbssituation und gravierenden technischen Veränderungen besonders stark betroffen sind.[1] So machen z. B. *Amazon* und Co. sowie neue technologische Entwicklungen

[1] Speziell für den Buchhandel vgl. hierzu Altenheim (2006).

wie die Digitalisierung nahezu des kompletten Produktionsprozesses oder das E-Book dem klassischen vertreibenden und verlegenden Buchhandel schwer zu schaffen und zwingen zu immer neuen Geschäftsmodellen; die Digitalisierung begünstigt außerdem die Position von Großverlagen (vgl. Lucius, 2006). Die zunehmende Konzentration im Sortiments- und Zwischenbuchhandel betrachten die Verlage mit Sorge. Man spricht dort von der „Aldisierung des Buchhandels", von „Bestselleritis" und vom „Bohlen-Phänomen", was alles zusammen zum „Tod der Midlist" führe und zu sinkenden Gewinnmargen für die Buchverlage (Hömberg, 2010, S. 43).
Bisher ist aber die ökonomische Krise in der Buchbranche noch nicht in dem gleichen Maß auszumachen wie bei Zeitungs- und Zeitschriftenverlagen. Die Umsatzzahlen im Buchhandel blieben laut Statistischem Bundesamt zwischen 2004 und 2007 mit knapp 4 Mrd. € stabil; die Verlage konnten ihren Umsatz zwischen 2005 und 2007 sogar von ca. 10,3 auf ca. 11,3 Mrd. € steigern (Statistisches Bundesamt, 2006, S. 173 und 2009, S. 177).
Vor dem beschriebenen Hintergrund verändern sich zurzeit Medienberufe nicht nur in handwerklicher Hinsicht, sondern auch dahin gehend, dass es in diesem Segment zunehmend Arbeitsplätze mit abnehmender Einkommens- und Arbeitsplatzsicherheit gibt. Speziell im Medienberufsfeld Journalismus hat das bereits heute zu anhaltenden Prekarisierungs- und Deprofessionalisierungstendenzen (vgl. Weischenberg et al., 2006; Fröhlich, 2009) geführt, die bisher in dieser Form und in diesem Ausmaß unbekannt waren.
Interessant ist in diesem Zusammenhang Folgendes: Parallel zur Prekarisierung des Journalismus entwickelt sich seine Feminisierung – oder umgekehrt. Ob und, wenn ja, wie diese beiden Trends – Prekarisierung und Feminisierung – zusammenhängen, ist noch ungeklärt. Die Parallelität des Auftretens von Prekarisierung und Feminisierung könnte durchaus auch zufällig sein. Allerdings gibt es in der Geschichte viele Beispiele, die zeigen, dass Prekarisierungs- und Feminisie-

rungstendenzen auffallend häufig parallel auftreten – z. B. beim Beruf des Sekretärs/der Sekretärin und in den USA auch beim Beruf des Apothekers/der Apothekerin.
Während für Berufsfelder im Journalismus und in den Public Relations mittlerweile zur beruflichen Situation der dort beschäftigten Männer und Frauen vergleichsweise viel wissenschaftlich fundiertes Wissen vorliegt, gilt das für Medienberufe im verlegenden und vertreibenden Buchhandel nicht. Hier konnte man bisher nur nach Augenschein darüber spekulieren, zu welchen Bedingungen Frauen und Männer dort arbeiten, wie sich ihre Aus- und Weiterbildungssituation darstellt, was man dort verdient oder ob und wie genau sich das Segment – wie andere Medienberufe zwischenzeitlich auch – feminisiert hat. Die *BücherFrauen e.V.* haben diesem Zustand dankenswerterweise nun ein Ende bereitet, indem sie bei mir eine Studie in Auftrag gegeben haben, mit der im Rahmen einer quantitativen Berufsfeldbefragung systematisch berufssoziologische und -strukturelle Erkenntnisse über dieses Segment zusammengetragen wurden. Es ist die erste breit angelegte quantitative Erhebung zur beruflichen Situation von Männern und Frauen in der Verlags- und Buchhandelsbranche in Deutschland überhaupt.
Bevor ich nun im Rahmen dieses Beitrags zentrale Befunde dieser Studie vorstelle, soll zunächst die Ausgangslage beschrieben werden, vor deren Hintergrund die Studie entstanden ist. Nur auf dieser Basis sind das spezifische Erkenntnisinteresse, das sie verfolgt, und ihr konkretes Design zu verstehen.

Wie ‚weiblich' sind Buchhandel und Verlagswesen?

Dass zur Berufstätigkeit im verlegenden und vertreibenden Buchhandel bisher nur wenige, recht lückenhafte und z. T. auch widersprüchliche strukturelle Daten und Erkenntnisse vorliegen, ist vor allem für jene unerfreulich, die sich für eine

Berufstätigkeit in diesem Feld interessieren – ganz überwiegend Frauen! – und die sich im Vorfeld einer Entscheidung für einen solchen Beruf oder zu Beginn ihres Ausbildungsweges über die strukturellen Bedingungen des Berufsfelds informieren wollen. Diese sind einfach wenig erforscht, und das gilt insbesondere für die Frage nach geschlechtsspezifischen Besonderheiten.

Eine Ausnahme hiervon machen Arbeiten zur Geschichte einzelner Berufe der Verlags- und Buchhandelsbranche, so z. B. die frühe Arbeit von Wolfram Göbel (1986) über die Praxis und Geschichte des Lektorenberufs, Ute Schneiders (2005) neuere Arbeit über die Berufsgeschichte des Lektorats, die Arbeiten von Klaus Nickel (2006) und Gunther Siblewski (2007) zum Berufsverständnis von Lektoren oder die ganz aktuelle empirische Studie über Lektoren im Buchverlag von Walter Hömberg (2010).

Was geschlechtsspezifische Arbeiten angeht, so sind hier vor allem die beiden Werke von Wegner (2001, 2003) über Buchhändlerinnen zu nennen, „Frauen machen Bücher" von Kalmbach (2000) und die Arbeit von Adrian (1998) über Frauen im Buchhandel. Das wenige, was wir bisher über die Entwicklung des Frauenanteils in diesem Berufssegment wissen, entnehmen wir der letztgenannten Arbeit: Nach Adrian (1998) umfasste das Berufsfeld Verlagswesen und Buchhandel Ende des 19. Jahrhunderts (1882) im Deutschen Reich 22.257 Beschäftigte, gut 12 % davon waren Frauen. Unter den Selbstständigen und Geschäftsleitern (ca. 8.700) machten Frauen seinerzeit ca. 10 % aus. Eine Berufszählung aus dem Jahr 1925 zeigt nach Adrian, dass sich das Berufsfeld innerhalb von vier Jahrzehnten fast verdoppelt hatte und im Jahr der Zählung 42.842 Beschäftigte in Verlagen und Buchhandelsbetrieben umfasste. Mit dem Wachstum des Berufsfelds stieg auch der Frauenanteil auf nun 37 %; unter den Selbstständigen stieg der Frauenanteil in diesem Zeitraum auf knapp 19 %.

Wie hoch der Frauenanteil aktuell im deutschen – vertreibenden – Buchhandel ist, lässt sich nicht exakt sagen. Aus einer repräsentativen Befragung von Buchhandelsbetrieben aus dem Jahr 2007 im Auftrag des *Börsenvereins des Deutschen Buchhandels e.V.* (Braun & Hillebrecht, 2007a, b) weiß man aber immerhin, dass in etwa der Hälfte der befragten Betriebe gut 83 % der Beschäftigten weiblich sind.

Das Lektorat entwickelt sich zum Frauenberuf

Speziell für den Beruf des/der Lektor/in liegen mittlerweile verlässliche geschlechtsspezifische Daten vor. Noch Anfang der 1980er-Jahre wagten Coser et al. (1982) die Prognose, dass sich das Berufsfeld Lektorat in naher Zukunft zu einem Frauenberuf entwickeln werde. Betrachtet man aktuelle Zahlen hierzu, dann ist diese Prognose eingetroffen, denn nach der repräsentativen Berufsfeldstudie über LektorInnen in Deutschland von Walter Hömberg (2010) sind heute 64 % der angestellten Lektoren weiblich. Signifikante Zusammenhänge zwischen dem Anteil der Lektorinnen und Buchsparte oder Editionsform fand Hömberg allerdings nicht, obwohl er sie erwartet hatte. Da in seiner Studie Lektorinnen im Schnitt vier Jahre jünger sind als ihre männlichen Kollegen, vermutet Hömberg, dass der Anteil der Lektorinnen in den nächsten Jahren weiter steigen wird.

Interessantes fördert die Hömberg-Studie zur Frage der Führungspositionen zutage. Nach seinen Befunden sind Frauen in den Lektoraten der Verlage deutlich öfter in Führungspositionen vertreten als in anderen Berufsfeldern, denn insgesamt sind in seiner Studie 57 % der Stellen mit Leitungskompetenz in Lektoraten mit Frauen besetzt. Aber: Während in der Gruppe der Lektorinnen 36 % eine Führungsposition innehaben, sind es in der Gruppe der Lektoren 50 %. An der Doppelbelastung durch Familie und Beruf bei den Frauen kann das nicht liegen: Laut Hömberg sind Lektorinnen häufiger als Lektoren kinderlos; sehr viele haben das Problem der Doppelbelastung also gar nicht.

Hoher Frauenanteil auch bei Presse und PR

Auch über den Berufsbereich ‚Presse und PR' in Verlagen liegt eine Zahl zum Frauenanteil vor: In den Pressestellen der deutschen Buchverlage beträgt der Frauenanteil laut einer Studie des *Börsenvereins des Deutschen Buchhandels* und des *Arbeitskreises der Verlags-Pressesprecherinnen und -Pressesprecher* (AVP) 75 % (Börsenverein des Deutschen Buchhandels, 2005). Hier wurden sogar Gehaltszahlen ermittelt; das Ergebnis überrascht Eingeweihte kaum: 15 % der weiblichen Pressesprecher in Verlagen verdienen mehr als 4.000 €/Monat. Bei den Männern betrifft dies mit 31 % mehr als doppelt so viele.

80 % der Auszubildenden sind weiblich

An den Ausbildungszahlen der Buchbranche, die der *Börsenverein des Deutschen Buchhandels* in seinem jährlich erscheinenden Bericht „Buch und Buchhandel in Zahlen" veröffentlicht, lässt sich der Genderswitch speziell im Buchhandel besonders eindrucksvoll nachvollziehen: Hier entwickelte sich der Anteil weiblicher Auszubildender demnach von 40 % im Jahr 1932 über 56 % im Jahr 1951 (Genderswitch!) bis hin zu 81 % im Jahr 1961. Seitdem hat er sich auf einen Wert knapp über 80 % eingependelt. Speziell bei den Verlags- und Medienkaufleuten liegt der Frauenanteil in der Ausbildung etwas niedriger und entwickelt sich in den letzten Jahren auch etwas rückläufig. Aber auch für diesen Ausbildungsberuf ist eine Feminisierung überdeutlich auszumachen, wie die folgenden exemplarisch ausgewählten Zahlen zeigen: 2004: 74 %, 2005: 73 %, 2006: 71 %.

Und dennoch: Obwohl, wie gezeigt, mittlerweile seit fast 50 Jahren in Deutschland konstant über 80 % der Auszubildenden im Buchhandel weiblich sind, hinkt der Frauenanteil bei den Beschäftigten nach wie vor diesen Zahlen hinterher – und zwar deutlich. Noch mal zur Erinnerung: Laut Braun und Hillebrecht (2007a, b) erreichen zurzeit wohl nur die Hälfte der deutschen Buchhandelsbetriebe einen Frauenanteil von über 80 %. Und: Besonders kleinere Buchhandlungen mit eher geringem Umsatz hatten dieser Erhebung zufolge einen hohen bis sehr hohen Frauenanteil. Das bedeutet, dass der seit vielen Jahrzehnten sehr hohe Frauenanteil unter den Auszubildenden nicht auf das gesamte Segment durchschlägt.

Dass das auch und gerade für Führungspositionen gilt, zeigt eine andere Zahl: Ebenfalls 2007 hatten die *BücherFrauen* auf Basis des „buchreport"-Rankings für die größten Buchhandlungen und Buchverlage Deutschlands errechnet, dass in den 50 größten Buchhandlungen gerade einmal 8 Frauen eine Leitungsfunktion innehatten (Stöcker, 2008, S. 63).[2] Was Verlage angeht, so hat Weise (2007, S. 10) ebenfalls auf Basis des „buchreport"-Rankings für 2006 berechnet, dass in den 100 größten Verlagen Deutschlands nur 26 Frauen Mitglied der Geschäftsleitung sind.

Drastischer ‚woman drain' in der Buchbranche

Vor dem aufgezeigten Gesamthintergrund kann man von einem drastischen ‚women drain' in der Buchbranche sprechen: Auf dem Weg zwischen Ausbildung und Berufseinstieg sowie beim Verbleib im Beruf und beim Aufstieg gehen hier ganz offensichtlich immer noch sehr viele Frauen ‚verloren'. Anders ist der extreme Schwund zwischen den – seit langer Zeit stabilen – Verhältnissen in der Ausbildung und im eigentlichen Berufsfeld nicht zu erklären. Dieser women drain ist eigentlich unplausibel, denn das Berufsfeld ist mittlerweile extrem feminisiert, wodurch dem Arbeitsmarkt in diesem Segment rein quantitativ gesehen sehr viel mehr Frauen als Männer zur Verfügung stehen. Und so stellt sich auch hier die Frage: Wo bleiben all diese Frauen?
Es mag ein schwacher Trost sein, dass dieses Phänomen – der extreme women drain zwischen der Phase der Ausbildung und der Phase der beruflichen Tätigkeit nach Abschluss der Ausbildung – typisch ist für Medienberufe (und wahrscheinlich nicht nur für diese). Wir kennen dieses Phänomen in exakt der gleichen Weise sowohl vom Journalismus wie auch vom Berufsfeld Public Relations. Allerdings: Weder der Journalismus noch die PR können auch nur annähernd auf derart viele Jahrzehnte Genderswitch in der Ausbildung zurückblicken, wie das speziell beim Berufsfeld Buchhandel der Fall ist. Im Journalismus und in der PR wird deshalb nach wie vor die

[2] Bei den Verlagen sieht es besser aus: Auf Basis der Zahlen der *BücherFrauen* besetzten 2007 in den 50 größten deutschen Verlagen immerhin 15 Frauen Führungspositionen (Stöcker, 2008, S. 63).

Erwartung gehegt, dass sich der Genderswitch, der sich dort in der Ausbildung etwa seit Mitte der 1980er-Jahre erstmals zeigt, mit entsprechender Zeitverzögerung doch noch in den Berufsfeldern selbst niederschlagen wird. Wenn man allerdings erstens berücksichtigt, dass in beiden Berufsfeldern seit mindestens zwei Jahrzehnten schon deutlich über 60 % der Auszubildenden Frauen sind und deren Anteil in der Ausbildung weiter kontinuierlich steigt, und wenn man zweitens die Entwicklung im Medienberuf BuchhändlerIn betrachtet, dann muss man schon mit Blindheit geschlagen sein, um den hier überall zu beobachtenden women drain zwischen Ausbildung und späterem Berufsfeld als einen quasi natürlichen *zeitlichen* Gap zwischen zwei Entwicklungsphasen zu interpretieren.

Abgesehen davon ist dieser Gap volkswirtschaftlich ein Desaster: Dieses Land bildet mit viel Aufwand und Kosten junge Frauen gut aus, nur um einen nicht unerheblichen Teil von ihnen entweder komplett für den Arbeitsmarkt zu ‚verlieren' oder zuzulassen, dass sie – aus welchen Gründen auch immer – auf andere Berufe umsteigen, für die eventuell wiederum ein entsprechender (anderer und neuer) Ausbildungsaufwand betrieben werden muss. Welch eine Verschwendung von Menschen, deren Lebenszeit und Kapital!

Die interessante Frage ist nun, was die Ursachen für den beschriebenen ‚Verlust' von Frauen zwischen der Ausbildungsphase und der Phase der späteren Berufsausübung einerseits bzw. in den Zwischenphasen des beruflichen Aufstiegs andererseits sind. Hierbei sind die üblichen Erklärungen für den Ausstieg von Frauen aus dem Berufsleben bzw. ihren schwereren Weg auf der Karriereleiter nach oben weniger interessant: die übliche Doppelbelastung durch die im Beruf zu erbringende produktive und die in der Familie zu erbringende re-produktive Kraft. Interessant wird es nämlich, wenn man sich vor Augen führt, dass vom Effekt des women drain sogar Frauen betroffen sind, die einer solchen Doppelbelastung gar nicht unterliegen, weil sie z. B. keine Kinder haben und alleine leben (wie es z. B. Hömberg [2010] für Lektorinnen nachgewiesen hat). Wir wissen heute, dass sich auch für die Gruppe kinderloser Frauen die berufliche Karriere nicht zu jenen Bedingungen gestaltet, wie sie für ihre männlichen (kinderlosen und Kinder habenden!) Kollegen gelten.

Bevor wir aber derartige Fragen für das uns hier interessierende Berufsfeld ‚Buchhandel und Verlagswesen' auch nur ansatzweise beantworten können, bräuchten wir zunächst einmal geschlechtsspezifisch erhobene strukturelle Daten und Zahlen zu diversen relevanten Besonderheiten der beruflichen Situation der hier Beschäftigten. Dass solche spezifischen Zahlen und Daten, die unter Berücksichtigung geschlechtsspezifischer Aspekte und Voraussetzungen erhoben wurden, in Deutschland nicht vorliegen, wurde bereits festgestellt. Unsere Studie war deshalb von Anfang an so konzipiert, dass die dort erhobenen Daten auch Aufschluss geben können über geschlechtsspezifische Aspekte und Besonderheiten der Berufstätigkeit und Karriereentwicklung von Frauen im Vergleich zu denen von Männern.

Vergleichbarkeit mit anderen Medienberufen war Ziel der Studie

Dabei haben wir uns so weit wie möglich angelehnt an theoretische und empirische Erkenntnisse aus anderen geschlechtsspezifisch angelegten Berufsfeldstudien im Mediensegment. Die Vergleichbarkeit – zumindest in zentralen Aspekten – mit anderen Medienberufen war ein explizites Ziel unserer Studie. Nur so sind wir in der Lage zu erkennen, welche Aspekte möglicherweise Besonderheiten des hier untersuchten Berufsfelds und welche eher allgemeine Effekte und Bedingungen sind, wie sie in der Medienbranche vorherrschen. Deshalb haben wir uns bei der Konzeption des Erhebungsinstruments (Fragebogen), wo sinnvoll und machbar, an vergleichbare Studien zu anderen Medienberufen angelehnt. Wie sind wir nun genau vorgegangen?

Anlage der Studie „Büchermenschen in Deutschland"

Wir haben von vornherein nicht das Ziel verfolgt, mit unserer Studie Repräsentativität anzustreben. Da nicht ein konkreter einzelner Beruf im Fokus stand (z. B. LektorIn, BuchhändlerIn), sondern ‚Berufstätige im Buchhandel und (Buch-) Verlagswesen', war es von vornherein aussichtslos, für diese Personengruppe insgesamt, geschweige denn für spezifische Berufsteilgruppen daraus Grundgesamtheiten zu den jeweiligen Beschäftigtenzahlen zu erstellen. Die Probleme hierbei ergeben sich bereits beim Versuch, die Grundgesamtheit an Betrieben in den beiden beteiligten Segmenten (Verlage und Buchhandel) bestimmen zu wollen. So gab es laut Statistischem Bundesamt in Deutschland 2007 5.028 Buchhandlungen und 2.836 Buchverlage (börsenblatt.net, 2010); aktuellere Zahlen des Statistischen Bundesamtes liegen nicht vor. Was Letztere angeht, so sind in der Statistik des Bundesamtes allerdings von vornherein nur Betriebe mit einem jährlichen Mindestumsatz von ca. 18.000 € gelistet. Im „Adressbuch für den deutschsprachigen Buchhandel 2010/11" sind aktuell 15.095 Verlage und 7.154 Buchhandlungen in Deutschland aufgeführt. Und im *Börsenverein des Deutschen Buchhandels* wiederum, dem Unternehmensverband der Buchhandels- und Verlagsbranche, sind aktuell (Stand 2010/11) 2.006 Verlage und 4.107 Buchhandlungen Mitglied (MVB, 2010a, S. 9). An anderer Stelle beziffert der Verband selbst seine Mitgliederzahlen für den Berichtszeitraum 2010/11 anders: 1.800 Verlage, 4.300 Sortimentsbuchhandlungen und 86 Firmen des Zwischenbuchhandels (MVB, 2010b, S. 9). Hömberg weist in seiner Studie aber darauf hin, dass unter den Verlagsmitgliedern des *Börsenvereins* auch bis zu ca. 28 % Verlage sind, die nicht dem Buchverlagssegment zuzurechnen sind (Kalenderverlage, Musikalienverlage). Und unter den Mitgliedern im Bereich Buchhandel befinden sich wiederum Lesezirkel, Musikalienhandlungen, Schallplattenhandel oder Zeitungs- und Zeitschriftenhandel. Das alles zusammen macht es schon einmal extrem schwierig, auf der Ebene der Betriebe eine klare Grundgesamtheit zu erstellen, und deshalb kam für uns auch die Firmendatenbank des *Börsenvereins* nicht als Rekrutierungsbasis für die Studie infrage.

Auch bei dem Versuch, die Grundgesamtheit der Beschäftigten im Buchhandel und Buchverlagswesen bestimmen zu wollen, stößt man an Grenzen: So waren z. B. 2008 laut Statistik der Bundesagentur für Arbeit in Deutschland 134.682 sozialversicherungspflichtig Beschäftigte in Verlagen tätig. Allerdings werden in dieser Statistik nicht nur die Buchverlage, sondern auch Zeitungs-, Zeitschriften- und sonstige Verlage gezählt; Letztere sind für unsere Studie aber irrelevant. Für die selbstständig Tätigen liefern diese Zahlenwerke ohnehin keine Daten.

Aufgrund all dieser Unwägbarkeiten haben wir uns von vornherein dazu entschlossen, Repräsentativität nicht anzustreben. Stattdessen haben wir eine Online-Befragung konzipiert, die auf Selbstrekrutierung basiert. Wir haben den Online-Fragebogen in einschlägigen berufsständischen (Online-)Netzwerken, aber auch in Print-Branchenpublikationen unter Angabe der URL bekannt gemacht und um Beteiligung gebeten, wobei jeweils der Hintergrund der Studie skizziert und über Auftraggeber und die durchführende Wissenschaftlerin informiert wurde.

Die hohe Fallzahl ermöglicht zuverlässige Tendenzaussagen

An unserer Studie haben sich dann insgesamt 1.234 Personen beteiligt (vollständig ausgefüllte Fragebögen). Die große Fallzahl lässt erwarten, dass die erhobenen Daten zuverlässige Tendenzaussagen ermöglichen und geeignet sind, aktuelle Trends im betreffenden Berufsfeld auch jenseits von Repräsentativität aufzuzeigen. 18 % unserer Befragten sind Mitglied des Vereins *BücherFrauen e.V.*, also des Auftraggebers der vorliegenden Studie. Insgesamt sind 45 % der Befragten Mitglied in Berufsverbänden, berufsständischen Vereinigungen oder Netzwerken. Das heißt auch, dass die restlichen 55 % nicht als Mitglied eines solchen Netzwerks oder Verbandes auf unsere Studie aufmerksam geworden und zur Teilnahme aufgefordert worden sind, sondern den Zugang über andere Quellen (z. B. Hinweise in Branchenpublikationen) gefunden haben müssen.

Akademisiert, hoch motiviert, zufrieden – und kinderlos. Ergebnisse auf den Punkt gebracht

13 % der Befragten sind Männer, 87 % Frauen

87 % (n = 1.074) der Fragebögen wurden von Frauen und 13 % (n = 160) von Männern ausgefüllt. Dass sich an solchen Befragungen auf Basis von Selbstrekrutierung Männer in der Regel seltener beteiligen als Frauen, zeigt sich auch bei der bereits vorliegenden Befragung im Segment Buchhandel und Verlagswesen von Kamphuis (2006, 2008). Andererseits: Wenn die weiter oben vorgestellten vagen Zahlen zur Feminisierung der Buchberufe nur einigermaßen die tatsächlichen Gegebenheiten repräsentieren, dann bildet die Verteilung der Geschlechter in unserem Rücklaufsample diese tatsächlichen Gegebenheiten im Berufsfeld womöglich annähernd ab. Für die Verallgemeinerbarkeit unserer Befunde wäre das jedenfalls positiv.

Was den Frauenanteil in der Branche angeht, so haben wir eine Korrektivzahl erhoben, an der wir uns einigermaßen orientieren können: Wir haben die Befragten gebeten anzugeben, wie viele MitarbeiterInnen fest angestellt in ihrem Unternehmen arbeiten und wie viele davon Frauen sind. Aus diesen Angaben haben wir einen durchschnittlichen Frauenanteil in den Betrieben unserer Befragten von 88 % errechnet. Angesichts dieses Wertes lägen wir mit unserer Samplezusammenstellung in Sachen Geschlecht im Rücklauf in der Tat sehr nahe an den tatsächlichen Verhältnissen.

Strukturmerkmale des Rücklaufsamples

Die Befragten unserer Studie, von denen nur 16 % Teilzeitstellen innehaben, sind durchschnittlich 38,8 Jahre alt. 74 % der Befragten sind seit mindestens 10 Jahren, aber nicht länger als

20 Jahre berufstätig; im Schnitt arbeiten sie seit ca. 14 Jahren, ca. 12 Jahre davon im Buchhandel/Verlagswesen. Innerhalb dieser 12 Jahre sind unsere Befragten seit durchschnittlich 7 Jahren bei ihrem ‚derzeitigen' Arbeitgeber tätig und hiervon wiederum seit ca. 5 Jahren in ihrer ‚derzeitigen' Position. Die Angestellten unter unseren Befragten haben eine vertraglich festgelegte Arbeitszeit von im Schnitt 35,01 h/Woche. Nach ihren Angaben weicht ihre tatsächlich erbrachte Arbeitszeit hiervon mit einem Durchschnittswert von 39,28 h/Woche nach oben ab. Die Freien und Selbstständigen unter unseren Befragten arbeiten nach eigenen Angaben im Schnitt etwas weniger als das, nämlich 39,07 h/Woche. Für die Gruppe der Frauen ergibt sich bei der Arbeitszeit durch die höhere Teilzeitquote durchgängig und überall eine leicht niedrigere Arbeitszeit als für Männer.

Die tatsächliche wöchentliche Arbeitszeit liegt bei etwas über 39 Stunden

Wir haben außerdem die FreiberuflerInnen unter unseren Befragten gebeten einzuschätzen, wie viel ihrer insgesamt geleisteten Arbeitszeit sie (1) in ihrem spezifischen buchaffinen Beruf für Auftraggeber *innerhalb* von Buchhandel und Verlagswesen aufbringen, wie viel ihrer Arbeitszeit sie für (2) *andere/sonstige* berufliche Tätigkeiten und Aufgaben *innerhalb* dieser Branche sowie für (3) *andere/sonstige* berufliche Tätigkeiten und Aufgaben *außerhalb* dieser Branche aufwenden. Im Schnitt entfällt danach mit 64 % der Großteil der insgesamt erbrachten Arbeitszeit von FreiberuflerInnen auf typische Kernkompetenzen, Fähigkeiten und Aufgaben spezifischer buchaffiner Tätigkeiten innerhalb der Buchhandels- und Verlagsbranche. Dennoch kann es überraschen, dass ca. ein Drittel der Arbeitszeit von FreiberuflerInnen in anderen Bereichen erbracht wird: 18 % ihrer Arbeitszeit entfallen demnach auf andere/sonstige berufliche Tätigkeiten und Aufgaben jenseits ihres Kernberufs für Auftraggeber innerhalb der Buchbranche, und 14 % der Arbeitszeit werden im Rahmen anderer/sonstiger beruflicher Tätigkeiten und Aufgaben jenseits des eigentlichen Kernberufs für Auftraggeber außerhalb der Buchhandels- und Verlagsbranche erbracht.

FreiberuflerInnen verbringen ein Drittel ihrer Arbeitszeit berufs- bzw. branchenfremd

Ob ein Anteil von ca. einem Drittel quasi branchenfremder beruflicher Tätigkeiten schon ein Hinweis auf erste Entgrenzungs- und Prekarisierungstendenzen ist, weil es im eigentlichen Kernberuf und in der eigentlichen Kernbranche für die dort tätigen ‚Professionals' immer weniger angemessene Auftrags- und Verdienstmöglichkeiten gibt, oder ob das einfach nur ein Zeichen von großer Flexibilität und Freude an selbst gewählter Vielfalt und Abwechslung ist, muss hier unbeantwortet bleiben. Entgrenzungserscheinungen sind jedenfalls für einen anderen Medienberuf mittlerweile typisch: den freien Journalismus. Dort handelt es sich allerdings keineswegs um pro-aktiv gesuchte Flexibilität und Abwechslung, wenn freie JournalistInnen z. B. für Massenmedien und Public Relations gleichzeitig arbeiten. In der Regel tun sie das aus purer finanzieller Not.

Im Journalismus wertet man die zunehmenden Entgrenzungserscheinungen zwischen dem eigentlichen Beruf ‚Journalist' und der tatsächlich ausgeübten Varianz an gänzlich unterschiedlichen publizistischen Tätigkeiten denn auch als ein Zeichen für die zunehmende Prekarisierung des Kernberufs Journalismus. Von ihren Aufträgen als freie JournalistInnen allein können heute nämlich nur noch wenige ihren Lebensunterhalt bestreiten; gerade freiberuflich tätige JournalistInnen sind deshalb zunehmend gezwungen, zusätzlich auch PR-Aufträge anzunehmen. Das ist wegen der besonderen grundgesetzlich geregelten Funktion des Journalismus in Deutschland durchaus ein Problem, denn man nimmt an, dass durch derartige Entgrenzungen die Unabhängigkeit und Objektivität des beruflichen Handelns und Verhaltens von JournalistInnen gefährdet ist. Man spricht in diesem Zusammenhang auch von Deprofessionalisierungstendenzen (vgl. hierzu auch oben). Es ist deshalb wichtig, dass man auch im Berufsfeld der Buchhandels- und Verlagsbranche in Zukunft ein besonderes Augenmerk hat speziell auf die Situation der FreiberuflerInnen in diesem Segment. Sie sind ganz generell eine Art Seismograph für entsprechende Veränderungen im Arbeitsmarkt.

Unsere Befragten sind zum ganz überwiegenden Teil (64 %) in Betrieben der Gesellschaftsform ‚GmbH (& Co. KG)' als Angestellte beschäftigt (Abb. 1).

Abb. 1: Gesellschaftsform des Unternehmens in % (N = 1.234)

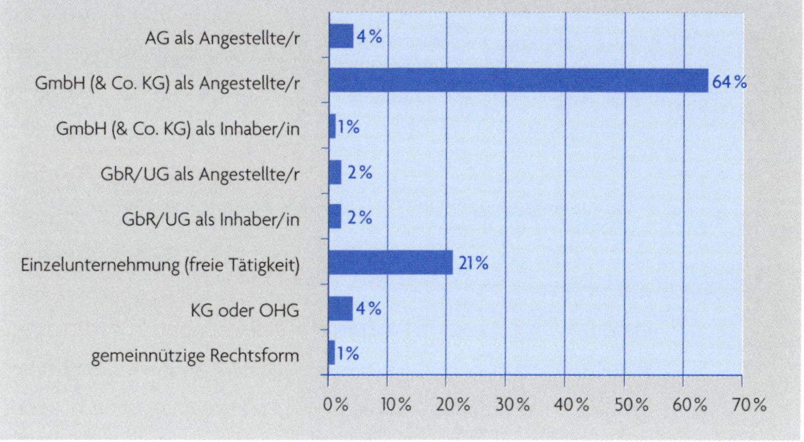

Aufgrund von Rundungen kann die Summe von 100 % abweichen

Gut 4 % sind Angestellte von AGs, 2 % von GbRs/UGs. 21 % der Befragten sind Selbstständige, die sicherlich für Unternehmen unterschiedlichster Gesellschaftsformen arbeiten. Inhaber von GmbHs, KGs, OHGs, GbRs/UGs machen insgesamt ca. 3 % unserer Befragten aus. Der Rest (ca. 5 %) verteilt sich auf Angestellte oder Inhaber anderer Gesellschaftsformen von Organisationen (inkl. gemeinnützige Rechtsform).
Abb. 2 (S. 36) zeigt, welches Bild sich für die Verteilung der Befragten auf Unternehmen nach Mitarbeitergröße ergibt. Wir haben hier eine gute Mischung erhalten, bei der – anders als bei den Gesellschaftsformen der Betriebe – keine Größenklasse übermäßig hoch vertreten ist, wenn man einmal davon absieht, dass die Befragten aus Betrieben mit 10 bis 49 MitarbeiterInnen den größten Anteil haben (31 %). Selbst die großen bis sehr großen Unternehmen (ab 500 MitarbeiterIn-

Abb. 2: Befragte in Unternehmen nach Mitarbeitergröße; Anteile in %

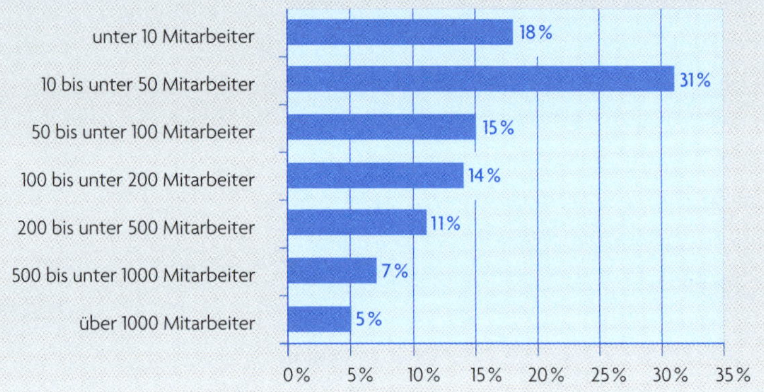

Aufgrund von Rundungen kann die Summe von 100 % abweichen

nen aufwärts) sind in unserem Rücklaufsample mit zusammen genommen 12 % vertreten. Dass fast 50 % der Befragten unseres Rücklaufsamples aus Unternehmen (Verlage und Buchhandel) stammen, die nur bis zu 49 MitarbeiterInnen haben, spiegelt darüber hinaus durchaus die realen Verhältnisse in der Branche wider (vgl. Hömberg, 2010, S. 49–50).

69 % der Befragten sind kinderlos – Frauen deutlich häufiger als Männer

Auch ein anderer Befund zeigt, dass unser Rücklaufsample nicht völlig verzerrt ist: 69 % unserer Befragten sind kinderlos, und das, obwohl nur 30 % unserer Befragten alleine leben. Die Frauen in unserer Studie sind übrigens doppelt so häufig kinderlos wie die Männer. Auch in der bereits erwähnten Hömberg-Studie sind Lektorinnen häufiger kinderlos (73 %; 0,43 Kinder) als Lektoren (42 %, 1,16 Kinder). Im Journalismus sind 57 % der Redakteurinnen und Redakteure ohne Kinder, im Berufsfeld PR 64 % der dort Tätigen (anders als in unserer vorliegenden Buchbranchenstudie dort jeweils auf Basis repräsentativer Erhebungen).

Der Anteil von 69 % Kinderlosen in unserer Studie kann keine sehr große Überraschung sein – zumal vor dem Hintergrund des hohen Akademikeranteils in unserem Sample. Die Kinderlosigkeit unter Akademikerinnen ist in Deutschland bekanntermaßen überdurchschnittlich hoch. Aber: Die Kinderlosigkeit unter Akademikerinnen in Deutschland[3] liegt sehr deutlich unter dem hier von uns ermittelten Gesamtwert für alle Befragten der Studie. Insgesamt erweisen sich damit also Medienberufe als ein Arbeitsmarktfeld, in dem sehr hohe bis extrem hohe Kinderlosigkeit herrscht. Die Buchbranche macht in dieser Frage keine Ausnahme. Von besonderem Interesse dürfte die bereits erwähnte Tatsache sein, dass die Frauen, die sich an unserer Studie beteiligt haben, doppelt so häufig kinderlos sind wie die Männer, die mitgemacht haben. Auch das ist nichts Neues, auch das kennen wir so von Berufsfeldstudien im Journalismus und im Bereich PR.

Doppelbelastung als Erklärungsmuster für die meisten Befragten irrelevant

An der geringen Möglichkeit für alternative Arbeitszeitmodelle in Buchhandel und Verlagswesen kann die vergleichsweise hohe Kinderlosigkeit nicht liegen, denn 86 % unserer Befragten (abzüglich Selbstständige, Freie usw.) geben an, dass in dem Betrieb, in dem sie arbeiten, alternative Arbeitszeitmodelle bereits umgesetzt und also möglich sind; 44 % sagen darüber hinaus, dass weitere alternative Arbeitszeitmodelle aus ihrer Sicht wünschenswert wären, und 48 % sagen, dass sie sich hierüber noch keine Gedanken gemacht hätten.

Unser Befund über den sehr hohen Anteil an Kinderlosen unter unseren Befragten und hier insbesondere der Frauen ist vor allem im Hinblick auf einen ganz spezifischen Aspekt hochinteressant: Der Befund zeigt nämlich, dass für die überwiegende Mehrzahl unserer Befragten die üblichen Erklärungsmuster für erschwerten beruflichen Ein- und Aufstieg (Doppelbelastung in Beruf und Familie) irrelevant sind, weil sie gar keine Kinder haben. Diese Erkenntnis hat große Bedeutung für die Darstellung und Interpretation weiterer Befunde unserer Studie speziell zu geschlechtsspezifischen Unterschieden der Berufstätigkeit

---

3 Laut Statistischem Bundesamt hatten 2008 28 % der Akademikerinnen im Alter zwischen 40 und 75 Jahren im Westen Deutschlands keine Kinder.

im Buchhandel und Verlagswesen, worauf wir später noch zu sprechen kommen.

Möglicherweise erklärt sich so auch ein anderer Befund unserer Studie: 64 % unserer Befragten sagen, dass die Vereinbarkeit von Privatleben und Beruf ihrer Einschätzung nach in ihrem Beruf kein Problem sei (Abb. 3; Zustimmung zu „sehr gut“ und „gut vereinbar“). Das ist ein vergleichsweise hoher Wert, der sich nach meinem Dafürhalten allein aus der Tatsache ergibt, dass die überwiegende Mehrzahl unserer Befragten kinderlos ist.

Abb. 3: Vereinbarkeit von Beruf und Privatleben; Anteile in % (N = 1.234)

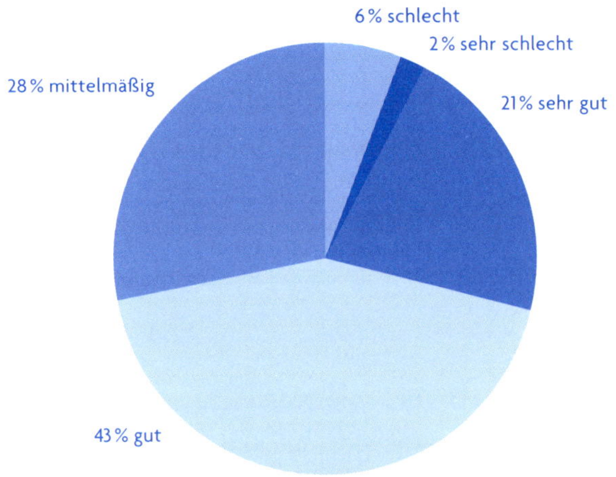

Auch andere Merkmale unserer Befragtengruppe zeigen, dass wir mit unserem Rücklauf eine, wie uns die ExpertInnen aus der Praxis bestätigen, recht realistische Verteilung erhalten haben. So arbeiten 53 % der Befragten in Verlagen, 13 % im Sortimentsbuchhandel, 9 % im Zwischenbuchhandel, und 22 % sind als Freie selbstständig tätig (Abb. 4). In Verbänden, Stiftungen, Agenturen und Non-Profit-Institutionen arbeiten nur knapp 2 % unserer Befragten.

Abb. 4: Segment jetzige Tätigkeit; Anteile in % (N = 1.234)

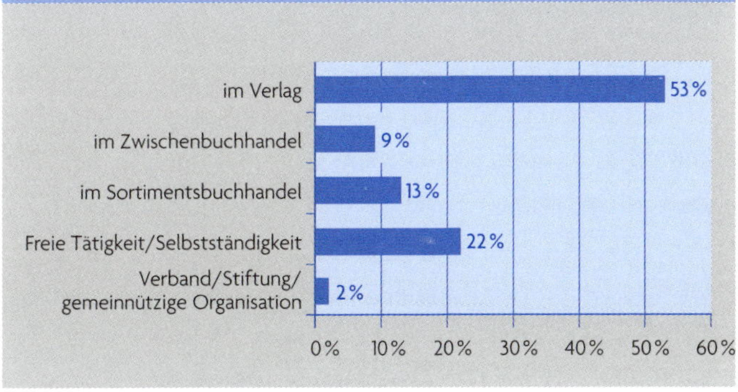

Aufgrund von Rundungen kann die Summe von 100 % abweichen

In einer Hinsicht allerdings dürfte unser Rücklaufsample abweichen von den tatsächlichen Verhältnissen im Berufsfeld: bei der Verteilung der fest angestellten Männer und Frauen auf die drei Hauptsegmente des Berufsfelds – ‚Verlag', ‚Sortiment' und ‚Zwischenbuchhandel' (ZWB) (Abb. 5).

Abb. 5: Fest angestellte[4] Frauen und Männer in den drei Segmenten der Buchbranche; Anteile in % (n = 958)

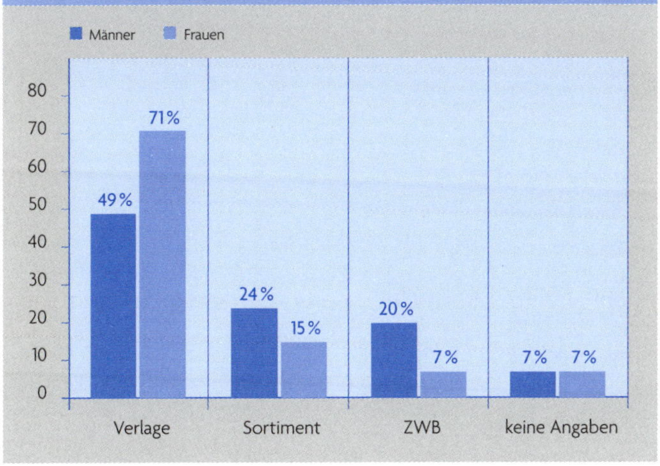

[4] Von den 276 Befragten, die selbstständig und als Freie berufstätig sind, sind 91 % Frauen.

Der in unserem Rücklaufsample im Vergleich zu männlichen Beschäftigten deutlich niedrigere Frauenanteil im Buchhandel ist, das ergibt eine Rücksprache mit ExpertInnen aus dem Berufsfeld, unrealistisch. Gleiches vermuten die ExpertInnen nach Augenschein für den sehr deutlichen Überhang von Männern in unserer Studie beim Zwischenbuchhandel. Wir haben es hier also sehr wahrscheinlich mit einer Verzerrung zu tun.

Die folgende Tabelle (Tabelle 1) zeigt, aus welchen konkreten beruflichen Tätigkeitsfeldern in Verlagen, im Buchhandel und Zwischenbuchhandel unsere Befragten stammen.

Tabelle 1: Tätigkeitsbereiche; Anteile in % (N = 1.234)

„Welche der folgenden Kategorien beschreibt Ihre berufliche Tätigkeit am besten?"

Tätigkeitskategorie	Anteile in %
BUCHHANDEL/SORTIMENT	
Leitung: InhaberIn/GeschäftsführerIn/Filialleitung	5
(Erste/r) Sortimenter/in mit und ohne Einkaufsbefugnis	7
Sonst. Mitarbeit in Buchhandlung	3
VERLAG	
Verlagsleitung	4
Verlagsvertretung (fest angestellt und frei)	1
Assistenz der Verlagsleitung	3
Rechte und Lizenzen	4
Vertrieb/Marketing/Werbung	14
PR/Pressearbeit	5
Lektorat (fest angestellt)	18
Lektorat (freiberuflich)	15
Verlagsinterne Herstellung	5
Freie Herstellung	1
ZWISCHENBUCHHANDEL	
Geschäftsführung	unter 1% (n=2)
Einkauf	2
Vertrieb Innen- & Außendienst	4
IT-Services & -Entwicklung	2
Sonstiges (Marketing, Katalog)	1
Keine Angaben	7
Total	100*

*Aufgrund von Rundungen kann die Summe von 100 % abweichen

Lektorat, Vertrieb, Marketing und Werbung sind in der Studie besonders stark vertreten

Hier fallen vor allem drei Berufs- und Tätigkeitsfelder stark auf: 18 % unserer Befragten arbeiten als fest angestellte LektorInnen in einem Verlag, 15 % als freie VerlagslektorInnen. Das heißt, ein Drittel unserer Befragten sind LektorInnen. Zur dritten in unserem Rücklaufsample stark vertretenen Berufsgruppe gehören mit einem Anteil von 14 % Personen, die bei Verlagen für Vertrieb, Marketing und Werbung zuständig sind. Die nächstkleineren Berufs- und Tätigkeitsbereiche erreichen nur deutlich niedrigere Anteile im einstelligen Bereich, allen voran mit 7 % SortimenterInnen mit und ohne Einkaufsbefugnis im Buchhandel sowie mit jeweils 5 % InhaberInnen, GeschäftsführerInnen oder FilialleiterInnen in Buchhandlungen und Personen, die in Verlagen in den Bereichen Pressearbeit/PR und verlagsinterne Herstellung tätig sind. VerlagsleiterInnen sowie Personen, die in Verlagen berufliche Expertisen für Rechte und Lizenzen haben und im Zwischenbuchhandel im Innen- oder Außendienst für den Vertrieb zuständig sind, sind jeweils zu 4 % in unserem Rücklaufsample vertreten. Alle anderen Tätigkeitsfelder sind mit 3 % und weniger vertreten. Von 7 % der Befragten haben wir keine Angaben erhalten.

Wir haben unsere Befragten gebeten anzugeben, welcher hierarchischen Position sie sich zuordnen (Abb. 6).

Abb. 6: Hierarchische Position in % (N = 1.234)

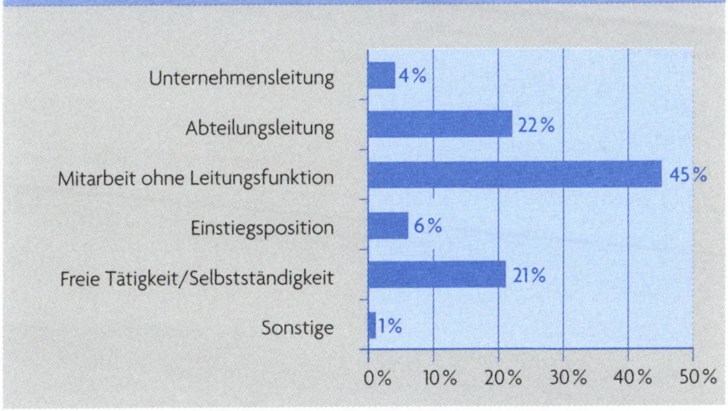

Aufgrund von Rundungen kann die Summe von 100 % abweichen

Immerhin gehören 4 % (n = 54) der TeilnehmerInnen an unserer Studie der Unternehmensleitung an, und 22 % haben Führungspositionen auf mittlerer Ebene (z. B. eine Abteilungsleitung) inne. 45 % haben sich als MitarbeiterInnen ohne Leitungsfunktion eingestuft, und 6 % befinden sich auf einer Position auf Einstiegsebene. Der Rest (21 %) ist als Freie selbstständig tätig. Eine andere Abfrage hat ergeben, dass 23 % unserer Befragten bei der Ausübung ihrer beruflichen Tätigkeit Personalverantwortung tragen, 44 % Budgetverantwortung und 32 % Programmverantwortung (ohne Abbildung).
Die TeilnehmerInnen an unserer Befragung weisen einen vergleichsweise hohen formalen Bildungs- und Ausbildungsabschluss auf (Abb. 7):

Abb. 7: Bildungsweg (Mehrfachantworten); Anteile in % (N = 1.234)

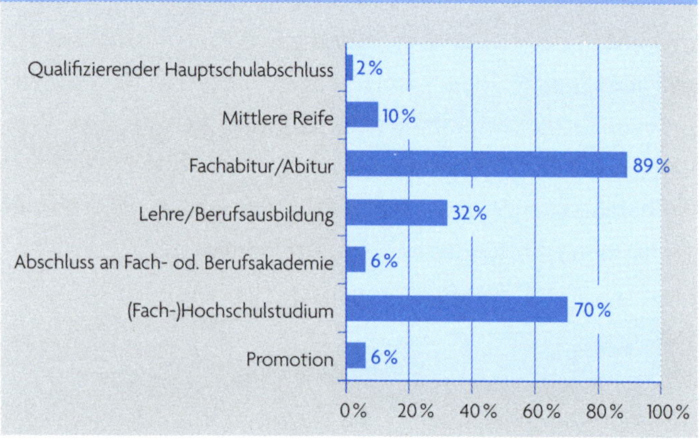

Aufgrund von Rundungen kann die Summe von 100 % abweichen

2 % der Befragten unseres Rücklaufsamples verfügen über einen qualifizierenden Hauptschulabschluss, 10 % haben die Mittlere Reife abgelegt, und 89 % haben Fachabitur oder Abitur. Unabhängig davon haben 32 % eine abgeschlossene Lehre[5]; 6 % verfügen über einen Abschluss an einer Fach- oder

[5] Bei den Ausbildungsberufen ist erwartungsgemäß der Beruf des/der Buchhändlers/Buchhändlerin mit großem Abstand am häufigsten vertreten (58 %), gefolgt von diversen Ausbildungsberufen im Verlagswesen (18 %) sowie einer kauf-

Berufsakademie, und 70 % haben ein Studium abgeschlossen. Was Letzteres angeht, so liegt dieser hohe Akademikeranteil unter unseren Befragten klar über dem Akademikeranteil im Journalismus (66 %) und selbst noch leicht über dem in den Public Relations (69 %).[6] Mit dem Anteil an Befragten mit abgeschlossener Promotion (6 %) liegen wir in unserer Befragung dagegen unter den Anteilen in Journalismus (9 %) und PR (10 %). Mit großer Vorsicht könnte man also auch aus den Befunden zum formalen (Aus-)Bildungsstand unserer Befragten schließen, dass unser Rücklaufsample wohl keine groben Verzerrungen aufweist.

Charakteristisch für die Buchbranche ist die Vielzahl von Ausbildungsberufen

Allerdings muss man beim Vergleich des Akademiker- und Promoviertenanteils unserer Studie mit dem in Journalismus und PR feststellen, dass das Berufsfeld Buchhandel und Verlagswesen im Gegensatz zu den beiden anderen Berufsfeldern eine große Zahl an speziellen Ausbildungsberufen aufweist, für die auch heute noch zumindest formal kein abgeschlossenes Studium nötig ist. Deshalb wäre zu erwarten gewesen, dass der Akademikeranteil hier eher niedriger liegt als in Journalismus und in PR. Möglicherweise also weist unser Rücklaufsample einen höheren Akademikeranteil auf als das tatsächliche Berufssegment insgesamt.

Interessant sind im Zusammenhang mit der hohen Akademikerquote auch die Studienfächer unserer Befragten. Es dürfte – auch angesichts des hohen LektorInnenanteils in unserem Rücklaufsample – kaum überraschen, dass hier die Geisteswissenschaften mit 59 % überdeutlich dominieren und die Fächergruppe ‚Buchwissenschaft und Verlagswesen' mit 17 % die zweitstärkste Disziplin stellt (Abb. 8):

männischen (13 %) oder einer nicht kaufmännischen (10 %) Ausbildung in gänzlich anderen Branchen als der Buchbranche.

[6] Wenn nicht anders dargestellt, dann beziehen sich die Vergleiche der Befunde aus unserer Studie mit Ergebnissen aus Journalismus und Public Relations immer auf die Untersuchungen von Weischenberg et al., 2006 (Journalismus) und Fröhlich et al., 2005 (PR).

Abb. 8: Studienfächer; Anteile in % (n = 842)

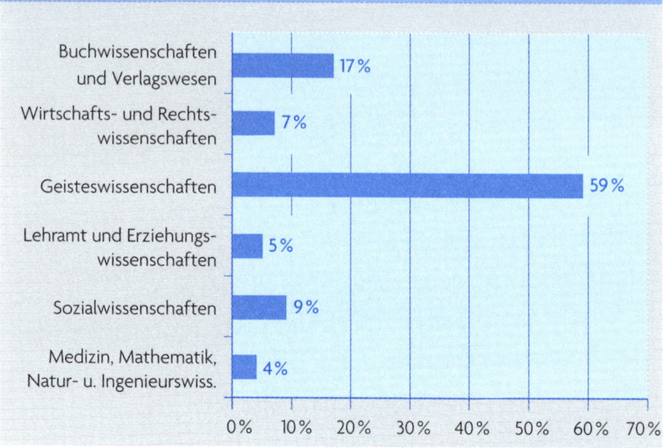

Aufgrund von Rundungen kann die Summe von 100 % abweichen

60 % sind mit ihrer Arbeitssituation (sehr) zufrieden

Unsere Befragten weisen mehrheitlich eine gute Arbeitszufriedenheit auf (Abb. 9): 60 % geben an, mit der derzeitigen beruflichen Situation „zufrieden" oder „sehr zufrieden" zu sein. Zwischen Männern und Frauen gibt es hierbei nur marginale Unterschiede in die Richtung, dass die Frauen etwas unzufriedener als die Männer zu sein scheinen; der Unterschied ist allerdings kaum interpretierbar.[7] Wir haben überprüft, ob der Grad an Berufzufriedenheit eventuell mit der Größe des Unternehmens zusammenhängt, in der die Befragten arbeiten. Hierfür konnte aber kein statistischer Zusammenhang gefunden werden.

Unsere weiteren Berechnungen haben ergeben, dass bei den freiberuflich Tätigen unserer Studie die Zufriedenheit leicht höher ausfällt als bei den abhängig Beschäftigten, und das, obwohl es ja gerade auch hier leicht zu Prekarisierungseffekten kommen kann (Stichwort Outsourcing) und die soziale Absicherung in der Regel problematischer ist als im Angestelltenverhältnis.

[7] Skala von 1 („sehr zufrieden") bis 5 („unzufrieden"); Mittelwert Männer 2,42; Frauen 2,44.

Abb. 9: Arbeitszufriedenheit in % (N = 1.234)

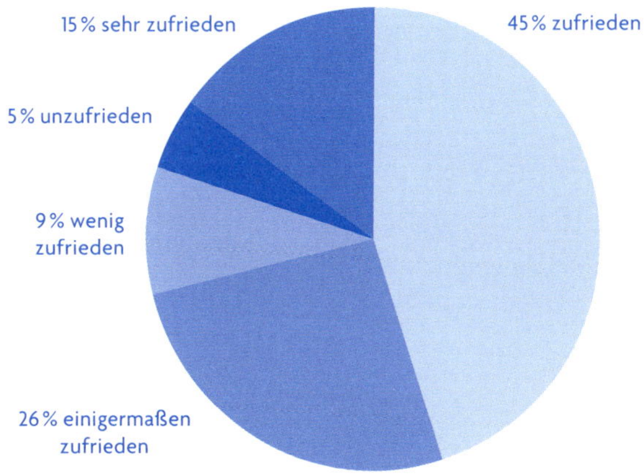

Der auf den ersten Blick erfreuliche Befund zur Arbeitszufriedenheit der im Segment Buchhandel und Verlage Beschäftigten wird relativiert, wenn man ihn mit Zufriedenheitswerten aus anderen Medienberufen vergleicht. In der PR-Branche wird hier ein Wert von 80 % erreicht, im Journalismus von mindestens 67 % – je nach Befragungsstudie. Damit fällt also in der Buchbranche im Vergleich zu anderen Medienbranchen der Wert für die Zufriedenheit unterdurchschnittlich aus.

Arbeitszufriedenheit in der Buchbranche niedriger als in anderen Medienberufen

Ein möglicher Grund hierfür könnte das niedrige Gehalt/Einkommen sein; zumindest fällt in unserer Studie das durchschnittliche monatliche Brutto trotz hoher und bester (formaler) Qualifikation der Befragten niedrig aus (Tabelle 2). Damit bestätigt unsere breit angelegte Untersuchung die Einschätzung von Braun und Hillebrecht (2007a, b) zu den niedrigen Gehältern in der Branche. Für den Zusammenhang zwischen (niedrigem) Gehalt/Einkommen und (niedriger) Arbeitszufriedenheit zumindest in unserer Erhebung spricht auch die Tatsache, dass 86 % unserer Befragten ein angemessenes Gehalt als ein „wichtiges" bis „sehr wichtiges" Kriterium für sich selbst nennen. Das niedrige Einkommen in der

Branche könnten also durchaus ein Grund für die vergleichsweise niedrige Arbeitszufriedenheit sein.

Niedrige Einkommen in den Buchberufen

Tabelle 2: Gehalt/Einkommen (Vorgabe in zwölf Gehalts-/Einkommensgruppen); Anteile in % (N = 1.234)

„Wie hoch ist – ausgehend vom gesamten Jahreseinkommen inkl. Boni und Provisionen – derzeit Ihr monatliches Durchschnittsgehalt bzw. bei Selbstständigen Ihr durchschnittliches monatliches Bruttoeinkommen?"

Gehalts-/Einkommensgruppe (brutto)	Anzahl	Anteile in %
Unter 1.000 €	117	10
1.001 – 1.500 €	146	12
1.501 – 2.000 €	164	13
2.001 – 2.500 €	200	16
2.501 – 3.000 €	199	16
3.001 – 3.500 €	125	10
3.501 – 4.000 €	81	6
4.001 – 5.000 €	94	8
5.001 – 6.000 €	33	3
6.001 – 7.000 €	13	1
7.001 – 8.000 €	6	1
Über 8.000 €	12	1
Keine Angaben	44	4
Total	1.234	100*

*Aufgrund von Rundungen kann die Summe von 100 % abweichen

77 % unserer Befragten verdienen nur bis zu 3.500 €/Monat brutto. In den PR trifft das nur auf 33 % der Beschäftigten zu. Immer noch vergleichsweise viele – nämlich 51 % unserer Befragten – verdienen sogar nur bis maximal 2.500 €/Monat brutto. In den PR betrifft das nur 10 % der Beschäftigten. Im Berufsfeld PR wird also deutlich besser verdient als in der

Buchbranche, wobei die vergleichsweise niedrigen Gehälter/ Einkommen in der Buchbranche nicht verursacht sind durch eine hohe Teilzeitquote (bei dem hohen Frauenanteil wäre das nicht ganz unwahrscheinlich), denn der Anteil an Teilzeitbeschäftigten in unserer Befragung liegt wie gezeigt bei nur 16 %.

Mit dem Journalismus ist ein Vergleich nur schwer möglich, weil Weischenberg et al. (2006) in ihrer Studie das *Netto*gehalt abgefragt haben, das für gewöhnlich als weniger aussagekräftig gilt als das Brutto, weil es von sehr persönlichen Gegebenheiten der Befragten abhängt. Außerdem wurden in der Journalismusstudie die Einkommensgruppen in vergleichsweise große Gehaltsschritte von jeweils 1.000 € eingeteilt. Wenn man den Versuch dennoch wagt, dann kann man mit aller Vorsicht zu dem Schluss kommen, dass in der Buchbranche nicht wesentlich schlechter als im Journalismus bezahlt wird: Im Journalismus verdienen 42 % bis zu 2.000 € *netto* im Monat; in unserer Studie verdienen 35 % der Befragten bis zu 2.000 € *brutto*. Und während im Journalismus 7 % mehr als 4.000 € netto im Monat verdienen, erhalten 6 % unserer Befragten mehr als 5.000 € brutto im Monat.

Im Einklang mit der im Vergleich zu anderen Medienberufen niedrigen Arbeitszufriedenheit steht auch ein weiterer Befund unserer Studie: Nur 30 % unserer Befragten betrachten ihre (weiteren) Karriere- und Aufstiegschancen als „gut" (26 %) bis „sehr gut" (4 %), 36 % halten sie sogar für „schlecht" (24 %) bis „sehr schlecht" (12 %); 34 % haben „mittelmäßig" angekreuzt. In diesem Zusammenhang dürften auch die Zahlen zu beruflichen Veränderungswünschen interessant sein: 52 % unserer Befragten planen innerhalb der nächsten fünf Jahre, sich beruflich zu verändern (Tabelle 3). Ein Drittel davon plant den Aufstieg in eine höhere Position innerhalb der Branche, zusätzliche 7 % wollen einen Aufstieg außerhalb der Branche zu realisieren versuchen.

52 % der Befragten planen, sich beruflich zu verändern

Tabelle 3: Art und Richtung geplanter beruflicher Veränderung; Anteile in % (n = 637)

„Sie haben gerade angegeben, dass Sie eine berufliche Veränderung in den nächsten fünf Jahren planen. Wie sieht die geplante berufliche Veränderung aus?"

Art und Richtung der beruflichen Veränderung	Anzahl	Anteile in %
Aufstieg in höhere Position *innerhalb* Buchbranche	210	33
Wechsel der Festanstellung *innerhalb* Buchbranche	137	22
Wechsel von Festanstellung in Selbstständigkeit *innerhalb* Buchbranche	28	4
Wechsel von Selbstständigkeit in Festanstellung *innerhalb* Buchbranche	22	4
Aufstieg in höhere Position *außerhalb* Buchbranche	47	7
Wechsel von Festanstellung in Selbstständigkeit *außerhalb* Buchbranche	17	3
Wechsel von Selbstständigkeit in Festanstellung *außerhalb* Buchbranche	7	1
Sonstiges[8]	69	27
Total	**637**	**100***

*Aufgrund von Rundungen kann die Summe von 100 % abweichen

Für die Arbeitgeber sind das gerade auch vor dem Hintergrund des zu erwartenden Fachkräftemangels einerseits erfreuliche Zahlen: Immerhin ein Drittel ihrer Belegschaft erweist sich als beruflich ambitioniert und ehrgeizig mit perspektivischer Aufstiegsorientierung innerhalb der Branche. Ob der Anteil von einem Drittel aber reichen wird, um den erwarteten Fachkräftemangel zumindest auf gehobeneren Positionen zu kompensieren, wage ich nicht zu beantworten. Hierüber kann sich mithilfe spezifischer Arbeitsmarktzahlen nur die Branche selbst ein genaueres Bild machen.

[8] Offene Antwortmöglichkeit; Angaben wie z. B. „Rente", „Aufgabe meiner Buchhandlung", „noch unklar", „Studium", „Promotion" usw.

Andererseits wird das recht gute Bild zum Anteil der Aufstiegsorientierten wiederum konterkariert durch Wechselwillige ohne *Aufstiegs*ambitionen: Immerhin 22% der Befragten planen in den nächsten fünf Jahren einen Arbeitsplatzwechsel innerhalb der Branche und innerhalb der bereits bestehenden Festanstellung ohne Aufstieg. Wiederum vor dem Hintergrund des erwarteten Fachkräftemangels ist ein derart hoher Anteil von grundsätzlich Wechselwilligen für die Branche *insgesamt* zwar kein Problem, weil der Wechsel ja innerhalb der Branche geplant ist. Für einzelne, eventuell besonders betroffene Arbeitgeber kann sich ein derart hoher Anteil Wechselwilliger aber durchaus als Problem erweisen.

Der Anteil Wechselwilliger ist sehr hoch

Dieses Wechselverhalten kann motiviert sein durch berufliche Unzufriedenheit am derzeitigen Arbeitsplatz, mit dem derzeitigen Arbeitgeber, den derzeitigen ArbeitskollegInnen und Arbeitsbedingungen oder der derzeitigen örtlichen Umgebung. Sie kann sicherlich aber auch motiviert sein z. B. durch familiäre Umzugspläne. Letzteres trifft wahrscheinlich aber nur auf einen kleineren Teil dieser Gruppe von Wechselwilligen zu. Das Problem wird verschärft durch die Tatsache, dass insgesamt 11% der Befragten planen, innerhalb der nächsten fünf Jahre die Branche ganz zu verlassen. Das ist mit Sicherheit mehr, als durch zu erwartenden Arbeitsplatzabbau eventuell verschmerzt werden kann.

Außerdem ist zu befürchten, dass ein solches pro-aktives Wechselverhalten eher qualifizierte und engagierte als unmotivierte und reaktiv orientierte MitarbeiterInnen zeigen. Gerade aber die qualifizierten, engagierten und pro-aktiv orientierten MitarbeiterInnen verliert man ganz grundsätzlich eher ungern. Wenn man dann noch berücksichtigt, dass die Auswertung der offenen Antworten unter „Sonstiges“ einen weiteren großen Aderlass für die nächsten fünf Jahre erwarten lässt, weil hier mehrheitlich Gründe angegeben wurden, die einen unwiederbringlichen Ausstieg aus der Branche bedeuten, dann vergrößert sich die Gruppe der ‚AussteigerInnen' zusätzlich. Wenn man nicht annehmen will, dass sich an unserer Befragung überdurchschnittlich viele ausstiegsorientierte Berufstätige beteiligt haben, dann sind das keine besonders guten Aussichten für die Arbeitgeber.

Wir haben jene Befragten, die in den nächsten fünf Jahren einen beruflichen Aufstieg planen, gefragt, ob sie es für realistisch halten, dass sie ihre Pläne verwirklichen können. Dabei hat sich ergeben, dass 69% dieses Personenkreises ihre Veränderungspläne tatsächlich skeptisch sehen, weil sie glauben, dass sie sich nur schwer oder gar nicht realisieren ließen. Nach den Gründen für diese Einschätzung befragt, ergibt sich Erstaunliches: Mit 54% gibt die überwiegende Mehrzahl an, es läge an der schwierigen Wirtschaftslage der Branche. Wie eingangs gezeigt, stellt sich die ökonomische Situation der Branche aber gar nicht so dramatisch dar – zumindest weitaus weniger dramatisch als bei Zeitungs- und Zeitschriftenverlagen und dementsprechend im Berufsfeld Journalismus. Dies bestätigen auch ExpertInnen, mit denen ich im Hinblick auf diesen Befund unserer Studie Rücksprache gehalten habe.

Die Wirtschaftslage wird schlechter beurteilt, als sie ist

Auch aktuellere Marktdaten zeigen, dass es dem Buchhandels- und Verlagssegment nicht nur im Vergleich zum Schwestersegment im Zeitungs- und Zeitschriftenmarkt recht gut geht: Laut einer Studie der Gesellschaft für Konsumforschung (GfK Panel Services) zur Lage auf dem deutschen Buchmarkt nahm die Zahl der Buchkäufe 2009 weiter zu: Die Deutschen haben etwa 400 Mio. Bücher gekauft (ohne Schulbücher und Fachliteratur). Das sind 2% mehr als im Vorjahr. Hierfür gaben die Buchkäufer rund 4 Mrd. € aus (ohne Umsätze von z. B. staatlichen Einrichtungen wie Bibliotheken und ohne Käufe nicht deutschsprachiger Werke z. B. von ausländischen MitbürgerInnen) und damit etwa 3% mehr als 2008.

Betrachtet man außerdem unsere Befunde zur Wechsel- und Ausstiegsbereitschaft der Befragten und setzt sie in Relation zum erwarteten und z. T. bereits eingetretenen Fachkräftemangel, dann muss man feststellen, dass unsere Befragten ihre beruflichen Aussichten unterschätzen. Möglicherweise ist das ein typisches Phänomen feminisierter Berufsfelder: Frauen tendieren dazu, ihre konkreten Arbeitsmarkt- und Aufstiegschancen zu unterschätzen, Männer tendieren eher dazu, sie zu überschätzen.

Als weitere für ihre Aufstiegs- und Veränderungswünsche eher hinderliche Bedingungen nennen die Befragten mit 22% eine aus ihrer Sicht starre hierarchische Branchenstruktur sowie mit 21% familiäre Verpflichtungen. Letzteres erscheint wegen des hohen Frauenanteils unter unseren Befragten plausibel, steht aber im Widerspruch zu der Tatsache, dass der überwiegende Teil unserer Befragten keine Kinder hat.

Frauen unterschätzen ihre Aufstiegschancen

Auch die 22%, die eine starre hierarchisierte Branchenstruktur für ihre Aufstiegs- und Veränderungswünsche als hinderlich erachten, könnten dem hohen Frauenanteil unter unseren Befragten geschuldet sein. Denn auch hier kann wieder eine Tendenz zur Unterschätzung der tatsächlichen Chancen bzw. eine Überschätzung vermeintlich karrierehinderlicher Gegebenheiten vermutet werden, mit dem – ‚typisch weiblich' – vor allem Frauen ihre Chancen im Beruf falsch einschätzen. Eine datenanalytische Überprüfung der Geschlechtereffekte macht hier jedoch wegen des vergleichsweise geringen Anteils männlicher Befragter wenig Sinn.

Wirklich überraschend ist schließlich die Tatsache, dass gerade einmal 6% technische und technologische Veränderungen im Berufsfeld dafür verantwortlich machen, dass sie selbst wahrscheinlich ihre beruflichen Veränderungs- und Aufstiegspläne in den nächsten fünf Jahren nicht werden realisieren können. Erstaunlich ist dieser geringe Prozentsatz deshalb, weil die Branche nach Aussage aller ExpertInnen tatsächlich vor großen technischen Veränderungen steht, auf die sich die Belegschaften und die Berufstätigen in der Branche einstellen und einlassen müssen, wenn sie weiter Schritt halten und erfolgreich im Beruf sein wollen. Die Bedeutung dieses Zusammenhangs wird also nach meinem Dafürhalten

von den Befragten unserer Studie – ganz überwiegend Frauen! – völlig unterschätzt.
Erfreulich ist in diesem Zusammenhang, dass sich immerhin 58 % der Befragten unserer Studie zum Zeitpunkt der Erhebung an Weiterbildungsmaßnahmen beteiligten. Diejenigen, die das nicht tun, nennen als Gründe, dass sie dazu bisher noch keine Gelegenheit hatten (29 %), ihr Unternehmen Fortbildung nicht fördere (24 %), ihnen Fortbildung zu teuer sei (17 %) oder sie dazu keine/zu wenig Zeit hätten (11 %).

Kleiner Unterschied mit großer Wirkung: Frauen und Männer im Berufsfeld

Um es gleich vorwegzunehmen: Die geschlechtsspezifischen Unterschiede, die wir in unserer Studie zutage gefördert haben, sind als klassisch zu bezeichnen. Damit kann man auch schon mal an dieser Stelle vorwegnehmen, dass Berufstätigkeit und beruflicher Aufstieg für Frauen im Berufsfeld Buchhandel und Buchverlage – wie in vielen anderen Berufsfeldern – nicht zu den gleichen Bedingungen erfolgen wie für die dort beschäftigten Männer. Zwar konnten wir wegen der vergleichsweise niedrigen Beteiligungsrate von Männern (13 %; n = 160) an unserer Befragung nicht für alle interessanten und relevanten Aspekte tiefer gehende geschlechtsspezifische Berechnungen vornehmen, denn die Fallzahlen werden für die Gruppe der Männer bei einer allzu kleinteiligen Aufsplittung in weitere Variablen z. T. doch recht klein. Die wichtigsten und zentralen Aspekte zur Frage von Unterschieden bei der beruflichen Situation von Männern und Frauen konnten wir aber gut berechnen und mit Befunden aus anderen Medienberufen vergleichen.

Hierarchie

Die Frage nach der Verteilung von Männern und Frauen auf unterschiedliche hierarchische Positionen (bzw. ihre Anteile in der Gruppe der Selbstständigen) ist ein zentraler Aspekt bei der Betrachtung gleichberechtigter beruflicher Karriereverläufe, und zwar nicht nur im Hinblick auf die Frage, ob Frauen und Männer vor allem zu hohen und höheren Positionen einigermaßen gleichen Zugang finden. Besonders interessant ist die Frage deshalb, weil die tatsächlichen Anteile von Männern und Frauen auf unterschiedlichen hierarchischen Positionen einen ersten Aufschluss darüber geben, ob andere Variablen – allen voran die Variable ‚Gehalt/Einkommen' – möglicherweise in kausalem Zusammenhang stehen mit der Repräsentation von Männern und Frauen auf unterschiedlichen Positionen. Der einfache generelle Zusammenhang liegt hier ja auf der Hand: je höher die hierarchische Position, die jemand innehat, desto höher das betreffende Gehalt bzw. Einkommen.

Wo liegen Geschlechtsunterschiede in den Karriereverläufen?

Aus vielen Berufsfeldstudien wissen wir, dass sich dieser Zusammenhang für Frauen weniger zwingend ergibt als für Männer. Da es eins der zentralen Anliegen der vorliegenden Studie war, genau hierüber Befunde zu generieren, präsentieren wir im Folgenden ausgewählte Befunde zu diesem Fragenkomplex. Tabelle 4 enthält für unsere Studie die Verteilung der Geschlechter über die verschiedenen Hierarchiestufen inkl. Selbstständige. Dabei messen wir hier ganz bewusst nicht den Anteil von Männern und Frauen je Hierarchiestufe. Da die überwiegende Mehrheit der TeilnehmerInnen unserer Studie weiblich ist, befänden sich Frauen auf allen Hierarchiestufen natürlich auch in der Mehrzahl. Wir geben stattdessen die Werte an, die Auskunft darüber geben, wie hoch in jeder Geschlechtergruppe jeweils der Anteil jener Personen ist, die eine entsprechende Position innehaben.

Tabelle 4: Hierarchiestufe nach Geschlecht; Anteile in % (N = 1.234)		
„Welche der folgenden Bezeichnungen beschreibt Ihre hierarchische Position am treffendsten?“		
Hierarchische Position	**Weiblich**	**Männlich**
Unternehmensleitung	4	10
Abteilungsleitung/mittlere Ebene	20	36
Mitarbeit ohne Leitungsfunktion	46	38
Einstiegsposition	7	1
Freie Mitarbeit/Selbstständigkeit	22	15
Sonstige	1	0
Total	**100**	**100**

*Aufgrund von Rundungen kann die Summe von 100 % abweichen

Je höher auf der Leiter, desto geringer der Frauenanteil

Die Ergebnisse zeigen, dass auch das Berufsfeld Buchhandel und Verlagswesen keine Ausnahme macht von altbekannten Verhältnissen in der Berufswelt: Je höher die hierarchische Position, desto geringer ist der Frauenanteil. Konkret heißt das: Nur 4 % unserer weiblichen Befragten, aber 10 % unserer männlichen Befragten bekleiden eine Position in der Unternehmensleitung – und das, obwohl das Berufsfeld bereits seit vielen Jahrzehnten feminisiert ist, der Genderswitch ebenfalls Jahrzehnte zurückliegt und dem Berufsfeld deshalb rein rechnerisch sehr viel mehr Frauen als Männer für Aufstiegspositionen zur Verfügung stehen.

Auch in der nächstniedrigeren Hierarchiestufe sind Frauen schlechter repräsentiert als Männer: 20 % der weiblichen, aber 36 % der männlichen Teilnehmer haben eine Führungsposition auf mittlerer Ebene (z. B. Abteilungsleitung) inne. Erst bei den Beschäftigungsverhältnissen ohne Leitungsfunktion dreht sich das Geschlechterverhältnis um; hier sind mit 46 % und also mit sehr großem Abstand die meisten Frauen unserer Studie beruflich tätig. Bei den Männern sind es hier ‚nur‘ 38 %.

Dass das Berufsfeld bereits heute stark feminisiert ist, dafür ist auch die Tatsache ein Indiz, dass siebenmal mehr Frauen als Männer sich zum Zeitpunkt der Erhebung zu unserer Studie auf einer Berufseinstiegsposition (inkl. Ausbildungsphase) befanden. Auch bei der Selbstständigkeit liegen in unserer Befragung die Frauen vorne, denn unter ihnen ist ein deutlich höherer Anteil in diesem Segment tätig als bei den Männern. Das ist ein Befund, der sich im Übrigen auch beim Medienberuf Public Relations so zeigt.
Aufgrund der Befunde zur Verteilung auf unterschiedliche hierarchische Positionen muss man davon ausgehen, dass das Durchschnittsgehalt/-einkommen von Männern und Frauen auch in diesem Berufsfeld sehr unterschiedlich ausfällt; Frauen werden weniger verdienen als Männer. Das allein ist also keine Überraschung. Interessant wird die Betrachtung von geschlechtsspezifischen Unterschieden bei der Bezahlung bzw. dem Einkommen erst, wenn man gehalts- und einkommensrelevante Variablen mit in die Betrachtung einbezieht. Im folgenden Abschnitt wollen wir deshalb unter Einbeziehung ausgewählter relevanter Variablen verschiedene Befunde zu Gehalt bzw. Einkommen von Männern und Frauen im Berufsfeld Buchhandel und Verlagswesen präsentieren.

Gehalt/Einkommen

Nach einer repräsentativen, im Auftrag des *Börsenvereins des Deutschen Buchhandels* vorgenommenen Befragung von Buchhandelsbetrieben aus dem Jahr 2007 (Braun & Hillebrecht, 2007a, b) vereinbaren zwei Drittel der befragten Betriebe eine Bezahlung außerhalb der klassischen Tarifverträge[9] – was nicht automatisch heißt, dass die Beschäftigten dort übertariflich bezahlt werden; eher das Gegenteil dürfte der Fall sein, wenn man sich auch die Zahlen zum Gehalt in

[9] Der Buchhandel kann verschiedene Tarifverträge anwenden: eigene Tarifverträge des Buchhandels, allgemeine Tarifverträge des Einzelhandels oder – entsprechend dem/der Eigentümer/in der Buchhandlung – auch Tarifverträge der Druckindustrie oder des kirchlichen Bereichs.

unserer Befragung anschaut. Außerdem haben nach Braun und Hillebrecht knapp 76 % der Betriebe für die Gehaltszahlungen fest vereinbarte Vergütungen ohne erfolgsabhängige Gehaltsbestandteile (Tantiemen).

Gehaltsunterschiede sind bei Buch-Ausbildungsberufen besonders krass

Was geschlechtsspezifische Gehaltsunterschiede in Buchhandel und Verlagswesen angeht, so existieren hierzu bereits exemplarische Zahlen des Statistischen Bundesamtes. Danach verdienten 2006 Verlagskauffrauen und Buchhändlerinnen im Schnitt 2.718 € brutto im Monat, Verlagskaufmänner und Buchhändler im Schnitt 4.248 €.[10] Frauen verdienten nach dieser Berechnung bei gleicher beruflicher Tätigkeit im Schnitt also 36 % weniger als ihre männlichen Kollegen. Damit gehört die Berufsgruppe der Verlagskaufleute und BuchhändlerInnen zu jenen vier Berufsgruppen, die in Deutschland die größten Gehaltsunterschiede zwischen Frauen und Männern aufweisen.[11]

Für die Berufsgruppe der frei tätigen LektorInnen liegen Zahlen aus den Studien von Kamphuis (2006, 2008) vor. Danach lag der mittlere Gewinn männlicher frei tätiger Lektoren bei 19.580 €/Jahr und der weiblicher bei 16.780 €/Jahr (–17 %). Bei den Männern dieser Berufsgruppe lag außerdem die unbezahlte Verwaltungsarbeit bei durchschnittlich ca. vier Stunden pro Woche, in der Gruppe der Lektorinnen bei fünf Stunden pro Woche.

Deutliche geschlechtsspezifische Gehaltsunterschiede findet auch Hömberg (2010) in seiner Studie über fest angestellte LektorInnen. Eine vollzeitbeschäftigte Lektorin erhält nach seinen Befunden im Schnitt nur 79 % des monatlichen Nettoverdienstes eines Lektors, wobei sich diese Differenz in der Hömberg-Studie datenanalytisch weder durch persönliche noch durch berufliche Merkmale der Befragten (z. B. niedrigere Vollzeitquote bei Lektorinnen) erklären ließe. Als alleinige Erklärung bleibt nur die Variable Geschlecht.

---

[10] Vollzeitbeschäftigte in Betrieben mit mehr als zehn Beschäftigten.

[11] Luftverkehrsberufe (–42 %), KöchInnen (–39 %) und FeinmechanikerInnen (–38 %). Informationen hierzu unter http://www.destatis.de

Und natürlich finden auch wir in den Daten unserer aktuellen Studie deutliche Gehalts- und Einkommensunterschiede zwischen Männern und Frauen. Ganz besonders stark fallen diese Unterschiede übrigens im Verlagssegment aus. Allgemein liegt der Median (Durchschnitt) für das Gehalt/Einkommen für Frauen in der Verdienstgruppe 4 bei 2.001–2.500 € (exakt 4,35) und bei den Männern in der Verdienstgruppe 5 bei von 3.001–3.500 € (exakt 5,88). Die folgende Abbildung (Abb. 10) verdeutlicht anschaulich die Verteilung der Häufigkeiten[12] bei Männern und Frauen auf die von uns abgefragten insgesamt zwölf Gehalts-/Einkommensgruppen.

Abb. 10: Absolute Verteilung Männer und Frauen auf die zwölf abgefragten Gehalts-/Einkommensgruppen (n = 1.190)

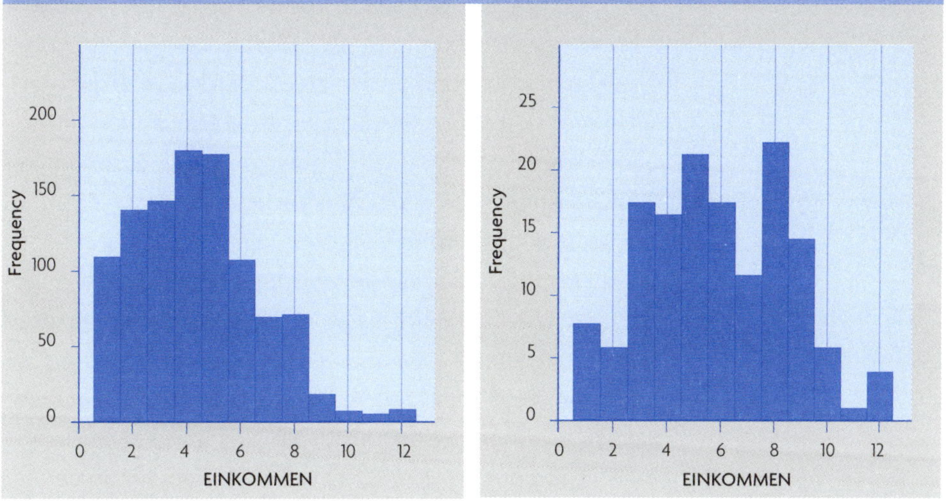

Mean ‚Gehalts-/Einkommensgruppe': 4,35
Frauen n = 1.040

Mean ‚Gehalts-/Einkommensgruppe': 5,88
Männer n = 150

[12] Hier weicht n (1.190) von N (1.234) ab, weil nicht alle Befragten Angaben zu ihrem Gehalt gemacht haben.

Zum Vergleich: Auch in den Berufsfeldern PR und Journalismus werden Frauen schlechter bezahlt als Männer. Im Durchschnitt verdienen Journalistinnen in Deutschland rund 25 % weniger als ihre männlichen Kollegen, wobei sich diese Differenz nicht (nur) aus der Tatsache ergibt, dass die Repräsentanz von Frauen auf den oberen hierarchischen Redaktionsebenen sinkt. Schwenk (2006) konnte sogar zeigen, dass sich die Geschlechterkluft beim Gehalt fest angestellter JournalistInnen mit steigender Hierarchiestufe sogar vergrößert. Und auch in der PR verdienen Frauen (3.802 €) im Schnitt weniger als Männer (4.728 €). Das Berufsfeld Buchhandel und Verlagswesen bildet also trotz seines hohen Feminisierungsgrades keine Ausnahme von diesem allgemeinen, unerfreulichen Trend in Medienberufen.

Wir haben für die geschlechtsspezifische Gehalts- und Einkommensberechnung diverse zusätzliche Berechnungen durchgeführt, um überprüfen zu können, ob es Effekte jenseits der Variable Geschlecht gibt, die durch andere gehalts- und einkommensrelevante Variablen determiniert sind. Hierzu gehören vor allem die Variablen ‚hierarchische Position', ‚formale Bildung', ‚Vollzeit/Teilzeit', ‚Elternschaft' und ‚Alter'. Wenn man Befunde aus anderen Berufsfeldstudien zu geschlechtsspezifischen Gehalts- und Einkommensunterschieden berücksichtigt, dann kann es nicht überraschen, dass wir auch für diese Variablen eindeutig geschlechtsspezifische Unterschiede gefunden haben. Bei der Variable ‚hierarchische Position' ergaben sich in der vorliegenden Studie auf allen Hierarchiestufen, außer auf der Berufseinstiegsstufe, klare geschlechtstypische Unterschiede zum Nachteil der Frauen – sogar und ganz deutlich auch bei den frei und selbstständig Tätigen (Abb. 11).

Dass in der Gruppe der angestellten Befragten ohne Leitungsfunktion die Gehaltsmediane zwischen Männern und Frauen gleich sind, ist kein Zeichen dafür, dass in dieser Positionsgruppe keine geschlechtsspezifischen Gehaltsunterschiede bestehen. Dagegen spricht schon die Tatsache,

Abb. 11: Gehalt/Einkommen nach Position & Selbstständige (n = 1.190)

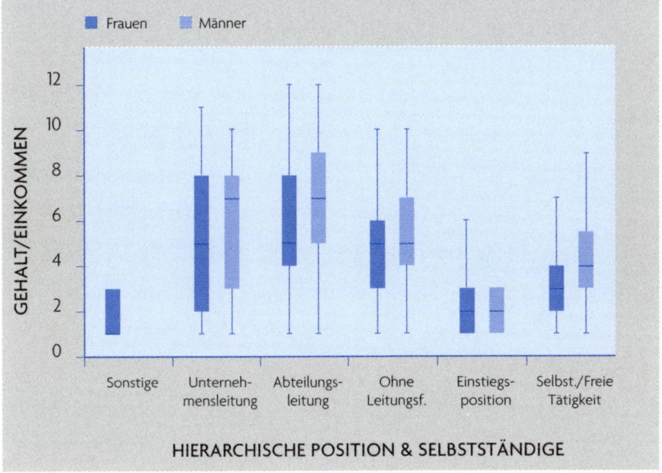

dass sowohl das niedrigste wie auch das höchste Gehalt in dieser Positionsgruppe bei den Männern jeweils deutlich höher liegen als bei den Frauen. Der parallele Median zwischen Männern und Frauen ergibt sich in dieser Gruppe nur wegen einiger weniger Gehaltsausreißer in der Gruppe der Frauen.

Interessant bei der Positionsgruppe ‚Unternehmensleitung' ist, dass mit Ausnahme der Einstiegsposition nur in dieser Gruppe die Einkommen der Männer nicht über denen der Frauen liegen. Der deutlich erkennbare geschlechtsspezifische Unterschied ergibt sich in dieser Gruppe aus der Tatsache, dass das niedrigste Einkommen bei den Frauen hier deutlich unter dem niedrigsten Einkommen der Männer liegt, wie dies auch in allen anderen Positionsgruppen der angestellten Befragten der Fall ist. Bei Letzteren liegen aber jeweils die Höchstgehälter der Männer deutlich über denen, die die Frauen maximal erzielen.

Ein höchst interessanter Befund ergibt sich bei der Berechnung der Gehälter in Abhängigkeit des Arbeitszeitmodells, nach dem die Befragten angestellt beschäftigt sind (Abb. 12).

Abb. 12: Gehalt nach Geschlecht und Teilzeit/Vollzeit (n = 1.190)

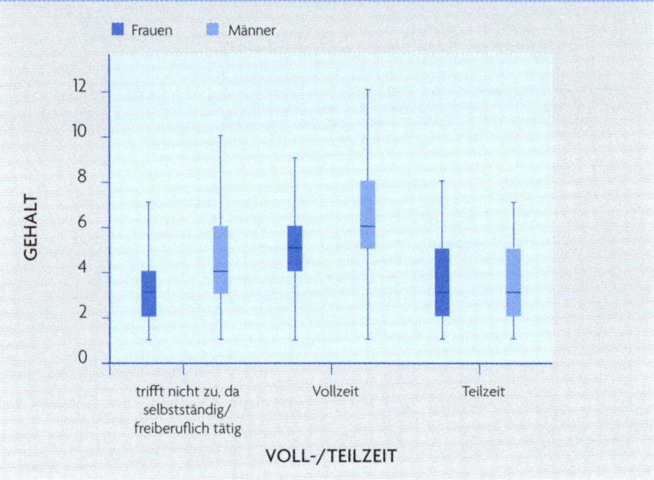

Bei Teilzeitarbeit verschwinden geschlechtsspezifische Unterschiede

Hier zeigt sich, dass geschlechtsspezifische Unterschiede zwischen Männern und Frauen bei Teilzeitarbeit nicht etwa nur nivellieren, sie verschwinden sogar völlig. Nicht nur der Gehaltsmedian ist der gleiche, auch das Niveau der niedrigsten und der höchsten Gehälter ist bei Teilzeitarbeit zwischen beiden Geschlechtern identisch.

Wenn berufstätige Menschen in Teilzeit arbeiten, dann ist das meistens deshalb der Fall, weil sie parallel zum Beruf familiäre Pflichten haben, z. B. in der Kindererziehung. Natürlich gibt es sicherlich auch Personen, für die diese Kausalität nicht besteht und die aus anderen Gründen – freiwillig oder unfreiwillig – eine Teilzeitbeschäftigung ausüben. Deshalb ist die Teilzeitquote allein auch noch kein Hinweis darauf, wie stark Menschen in einem Betrieb der Doppelbelastung durch Familie und Beruf ausgesetzt sind. Bei unserer Studie wissen wir ja, dass das wegen der hohen Kinderlosigkeit nur bei einem vergleichsweise kleinen Teil der Befragten der Fall ist. Was die Gehalts- und Einkommensfrage angeht, so haben wir deshalb zusätzlich zur Variable ‚Vollzeit/Teilzeit' die Variable ‚Elternschaft' betrachtet. Und auch hier ergeben sich die bereits bekannten geschlechtsspezifischen Unterschiede beim Verdienst zwischen männlichen und weiblichen Eltern (Abb. 13).

Väter verdienen mehr, Mütter weniger als Kinderlose

Abb. 13: Gehalt/Einkommen nach Geschlecht u. Elternschaft (n = 1.190)

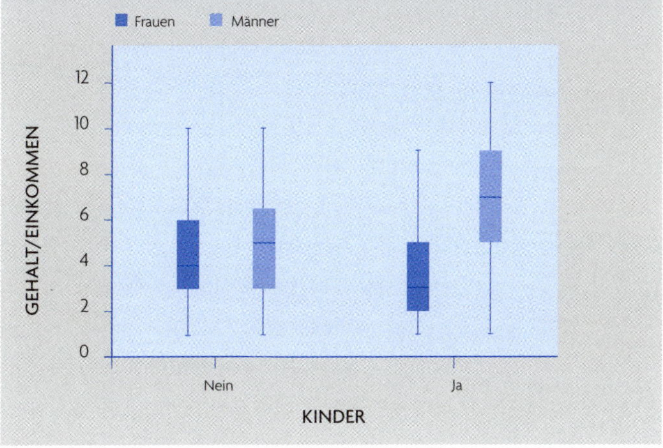

Damit bestätigt unsere Studie einmal mehr, dass das hier untersuchte Berufsfeld Buchhandel und Verlagswesen keine Ausnahme von üblichen geschlechtsspezifischen Trends und Gegebenheiten macht: Während sich nach unseren Daten Elternschaft bei Männern positiv auf das Gehalt und Einkommen auswirkt, besteht bei Frauen hier ein negativer Zusammenhang. Für keine andere Variable zeigen sich so große Unterschiede zwischen dem Einkommen von Männern und Frauen wie für die Variable ‚Elternschaft: Ja', und das gilt sowohl für den Durchschnittswert wie auch für die Gehalts- und Einkommensspanne.

Angesichts dieses Befundes kann man vermuten, dass ein viel zitierter Zusammenhang auch für das hier untersuchte Berufsfeld gilt: Wenn (abhängig beschäftigte) Männer Väter werden, ist das ein Grund, mehr Gehalt zu verlangen bzw. mehr Gehalt anzubieten; wenn (abhängig beschäftigte) Frauen Mütter werden, ist das ein Grund, mit weniger Gehalt zufrieden zu sein – weil die Mehrzahl der Mütter dann Teilzeit arbeitet oder Babypause macht. Während sich die Teilzeitstelle unmittelbar und direkt auf das Gehalt auswirkt, ist das bei der Babypause anders. Selbst wenn man danach wieder auf eine Vollzeitstelle zurückkehrt, lässt die nächste sonst übliche Gehaltserhöhung auf sich warten und/oder reduzieren wegen der Abwesenheit nicht realisierte Zielvereinbarungen Provisionen und Boni.

Abgesehen davon dürfte es auch so sein, dass Frauen nach der Babypause von sich aus geringere Erwartungen an ihre zukünftige Gehalts- und Einkommensentwicklung haben und eventuell auch davon ausgehen, dass es ganz in Ordnung sei, wenn sie jetzt erst einmal nicht zu jenen gehören, deren Gehalt oder Einkommen im üblichen Rahmen steigt. Diese Haltung nehmen Mütter auch völlig unabhängig von der Frage ihrer tatsächlichen Leistungserbringung ein. Unsere Daten zeigen, dass es hier wohl tatsächlich einen Zusammenhang gibt, denn nach zusätzlichen Berechnungen (ohne Abbildung) auf Basis der Angaben unserer Befragten zur Dauer ihrer eingelegten Babypause(n) können wir sagen: Je länger die ‚Babypause' dauert, desto niedriger ist der durchschnittliche Verdienst. Wie gesagt: Möglicherweise erachten Frauen/Mütter diesen Zusammenhang auch dann für gerechtfertigt, wenn die betroffenen Frauen/Mütter nie Teilzeitstellen innehatten.

Je länger die Babypause, desto geringer der Verdienst

Auch der formale (Aus-)Bildungsabschluss müsste sich eigentlich auf das Gehalt/Einkommen auswirken. Wenn er das bei Frauen und Männern wiederum in unterschiedlicher Weise tut, dann könnte auch das wieder ein Hinweis darauf sein, dass Frauen und Männer aufgrund ihres Geschlechts unterschiedlich bezahlt werden (Abb. 14).

Unsere Berechnungen zu Gehalts- und Einkommensspannen sowie zu Durchschnittswerten in Abhängigkeit vom formalen (Aus-)Bildungsgrad der Männer und Frauen unserer Befragung zeigen, dass es mit Ausnahme des qualifizieren-

Abb. 14: Gehalt/Einkommen nach Geschlecht und höchstem Bildungsabschluss (n = 1.190)

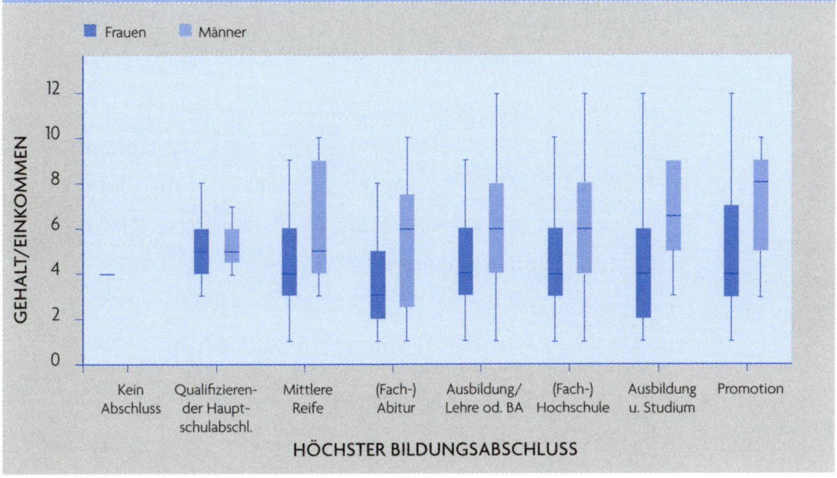

den Hauptschulabschlusses ganz egal ist, welchen formalen Bildungsgrad Frauen haben – ihr Durchschnittsgehalt/-einkommen liegt immer unter dem der Männer, es steigt mit höherer formaler Bildung nicht an, und die Gehalts- und Einkommensspanne von Frauen weist am unteren wie am oberen Ende immer niedrigere Verdienststufen auf. Das gilt auch und ganz besonders für die formal höchste Bildungsstufe, die Promotion. In keiner anderen Bildungsstufe ist der Gehalts-/Einkommensunterschied zwischen Männern und Frauen so hoch wie hier.

Auch in der Gruppe jener, die ein (Fach-)Abitur haben, sind die Unterschiede beim Durchschnittsgehalt/-einkommen zwischen Männern und Frauen extrem. Fazit: Bei unseren männlichen Befragten wirkt sich ein höherer formaler Bildungsgrad positiv auf Gehalt bzw. Einkommen aus, bei unseren befragten Frauen dagegen nicht. Außerdem hat sich in weitergehenden Berechnungen gezeigt (ohne Abbildung), dass selbst die sogenannte Mehrfachqualifikation – also z. B. Ausbildung plus Studium oder Doppel- bzw. Aufbaustudium – bei Frauen das Gehalt/Einkommen nicht signifikant erhöht.

Bei Männern erhöht der höhere Bildungsabschluss das Einkommen – bei Frauen nicht

Alter ist eine weitere gehalts- und einkommensrelevante Variable, die es zu überprüfen gilt bei der Frage, ob Männer und Frauen unterschiedlich bezahlt werden (Abb. 15).

Abb. 15: Gehalt/Einkommen nach Geschlecht und Alter (n = 1.190)

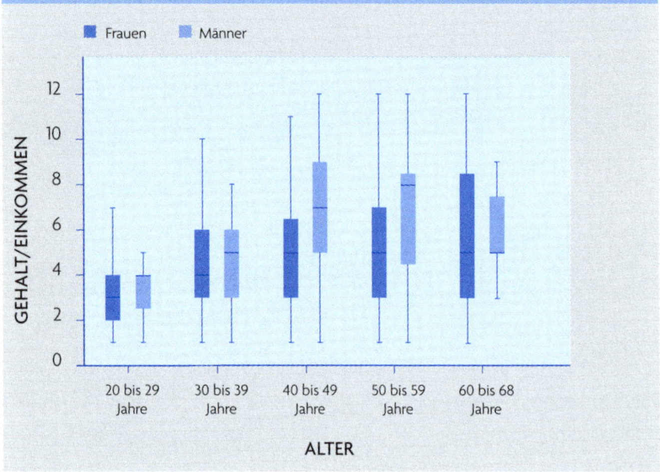

Und auch hier finden wir wieder das übliche Muster, nach dem Frauen weniger verdienen als Männer, egal, wie alt sie sind, und – möglicherweise – egal also, wie lange sie bereits im Beruf sind. Das Durchschnittsgehalt/-einkommen steigt bei den Frauen zwischen den Altersgruppen von 40 bis 68 Jahre nicht mehr an. Man ist geneigt zu sagen: Was eine Frau bis 40 nicht an Gehalt/Einkommen erzielt, erzielt sie auch danach nicht mehr. In der Gruppe der Männer dagegen steigt das Durchschnittsgehalt/-einkommen kontinuierlich mit dem Alter auch noch deutlich nach dem 40. Lebensjahr. Allerdings ergibt sich für unsere Studie hier einmal mehr ein interessanter Befund: In allen Altersgruppen – auch in der jüngsten! – verdienen Männer durchschnittlich besser als Frauen. Nur in der höchsten Altersgruppe der 60- bis 68-Jährigen ist der Gehalts-/Einkommensmedian bei beiden Geschlechtern der gleiche. Das liegt allerdings nicht daran, dass die Verdienstspanne, die sich in dieser Altersgruppe für Männer und Frauen ergibt, etwa ausgeglichener wäre, so wie das bei den 30- bis 39-Jährigen der Fall ist, oder dass bei Frauen mit 60 plötzlich das durchschnittliche Monatsbrutto steigt. Nein – auch in der höchsten Altersgruppe gibt es einerseits immer noch Frauen, die deutlich weniger verdienen als ihre männlichen Kollegen, und andererseits ist das Durchschnittsgehalt/-einkommen bei ihnen unverändert zu den vorhergehenden Altersgruppen. Aber erstens sinkt das Durchschnittsgehalt/-einkommen der Männer in der letzten Altersgruppe drastisch ab. Und zweitens gibt es in dieser Altersgruppe erstmals auch Frauen, die mehr verdienen als Männer. Bei keiner anderen Variablen ergab sich für keine einzige Teilgruppe je der Befund, dass Frauen einmal mehr verdienten als Männer. Die Altersgruppe der über 60-Jährigen ist in dieser Frage also die absolute Ausnahme.

Nur unter den über 60-Jährigen gibt es Frauen, die mehr verdienen als Männer

Dass in der Altersgruppe der 30- bis 39-Jährigen die Gehalts-/Einkommensspannen bei Männern und Frauen nahezu ausgeglichen sind, sich aber dennoch deutliche Unterschiede im Median ergeben, liegt daran, dass es in dieser Altersgruppe mehr Männer mit tendenziell höherem Gehalt/Einkommen gibt als Frauen, auf die das zutrifft.

Verhandlungen um Gehalt/Honorar und Position/Verantwortungsbereich

Weitere, aber ganz andere Indizien für geschlechtsspezifische Unterschiede im Berufsleben können aus der Frage abgeleitet werden, wie oft abhängig beschäftigte Frauen und Männer im Laufe ihrer Karriere um Gehalt und Position mit Vorgesetzten und Arbeitgebern oder selbstständig Tätige mit ihren Auftraggebern um höhere Honorarzahlungen sowie ihre Verantwortungs- und Zuständigkeitsbereiche verhandelt haben und wie erfolgreich sie dabei jeweils waren. Wir haben diese Aspekte in unserer Studie erhoben. Die folgende Abbildung (Abb. 16) zeigt, dass es kaum nennenswerte Unterschiede zwischen den Geschlechtern gibt bei der Frage, ob und wie oft innerhalb der letzten fünf Jahre einmal um einen besseren Verdienst verhandelt wurde. In der Kategorie ‚mehr als zweimal' ist der Frauenanteil sogar höher als der Männeranteil.

Frauen verhandeln häufiger als Männer

Abb. 16: Gehalts-/Honorarverhandlungen nach Geschlecht; Anteile in % (N = 1.234)

„Wie häufig haben Sie in den letzten fünf Jahren bei Ihrem derzeitigen Arbeitgeber/Ihren derzeitigen Auftraggebern Verhandlungen über Ihr Gehalt/Ihr Honorar geführt?"

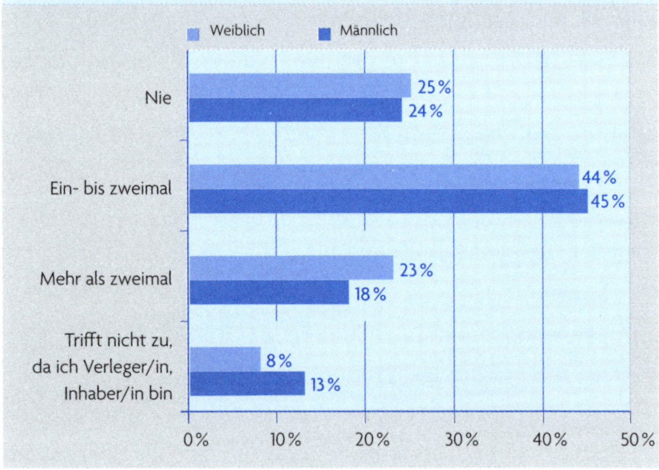

Aufgrund von Rundungen kann die Summe von 100 % abweichen

Das zeigt einerseits, dass die Frauen in diesem Berufsfeld ebenso – wenn nicht sogar etwas stärker – ambitioniert sind wie/als Männer, wenn es darum geht, Mut zu entwickeln und mehr Geld zu verlangen. Andererseits könnte es aber auch ein Hinweis darauf sein, dass Männer die Notwendigkeit zum Führen solcher Gespräche eventuell deshalb nicht ganz so dringlich verspüren wie Frauen, weil sie ohnehin mehr verdienen oder weil ihr Gehalt/Einkommen möglicherweise ohnehin regelmäßig(er) und nach festgelegten Zielvereinbarungen angehoben wird. Der höhere Anteil von Frauen, die bisher mehr als zweimal über ihr Gehalt/Einkommen verhandelt haben, kann sich aber schlicht auch aus der Tatsache ergeben, dass sie mehr Karriereunterbrechungen durch Elternzeiten

haben, woraus dann wiederum ein höherer Bedarf für entsprechende Gespräche mit Arbeitgebern und Auftraggebern als bei Männern entsteht. Allerdings gilt es hierbei zu bedenken, dass die ganz überwiegende Zahl unserer Befragten und hier insbesondere die Frauen gar keine Kinder haben. Über die tatsächlichen Ursachen für den leichten Unterschied bei den Geschlechtern in dieser Frage können wir jedenfalls nur spekulieren.
Wie erfolgreich waren die befragten Frauen und Männer bei solchen Verhandlungen (Abb. 17)?

Abb. 17: Erfolg bei Gehalts-/Honorarverhandlungen nach Geschlecht; Anteile in % (n = 823)

„Sie haben gerade angegeben, dass Sie bei Ihrem derzeitigen Arbeitgeber/Ihren derzeitigen Auftraggebern schon einmal Verhandlungen über Ihr Gehalt/Ihr Honorar geführt haben. Schlossen diese Verhandlungen mit Erfolg ab? Bitte kreuzen Sie an."

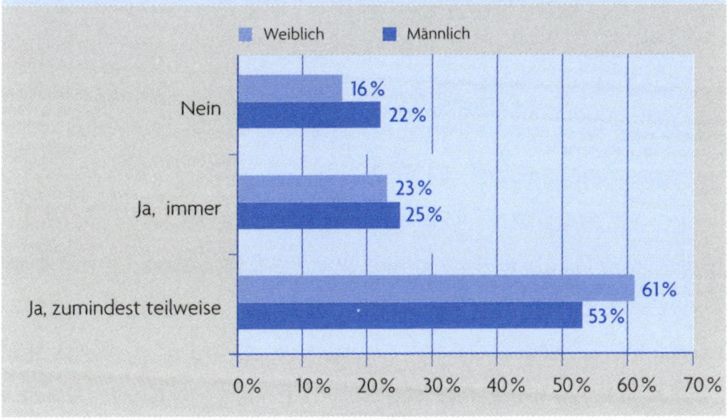

Aufgrund von Rundungen kann die Summe von 100 % abweichen

Anteilsmäßig sagen hier klar mehr Männer (22 %) als Frauen (16 %), dass sie bei ihren Verhandlungen um ein höheres Gehalt/Einkommen/Honorar nie erfolgreich waren. Das hätte man so nicht unbedingt erwartet. Der Unterschied zwischen Frauen und Männern, die grundsätzlich bei allen ihren Verhandlungen um mehr Geld erfolgreich waren, ist eher marginal (23:25 %) mit ganz leichten, aber kaum interpretierbaren Vorteilen für die Männer. Dagegen ist der Unterschied zwischen den Geschlechtern in der dritten vorgegebenen Antwortmöglichkeit wieder deutlich größer: 61 % der Frauen, aber nur 53 % der Männer sagen, dass sie bei entsprechenden Verhandlungen zumindest teilweise erfolgreich waren.

Verhandeln Frauen erfolgreicher?

Die zusammengefasste Betrachtung der Ergebnisse für die Antwortkategorien „Ja, immer" und „Ja, zumindest teilweise" ergibt mit 84 % eindeutig einen Vorteil für die weiblichen Befragten unserer Studie; die männlichen kommen hier nur auf einen Anteil von 78 %. Sind Frauen also bei Gehaltsverhandlungen erfolgreicher als Männer? Oder wird ihren Anliegen einfach nur deshalb öfter nachgegeben, weil sie ohnehin deutlich weniger verdienen als ihre männlichen Kollegen und sie in dieser Frage also anerkanntermaßen Nachholbedarf haben? Das ist eine durchaus spannende Frage, die wir mit unserer Erhebung allerdings nicht beantworten können. Unsere Befunde zu den Gehaltsdifferenzen zwischen Männern und Frauen legen ja eher die Vermutung nahe, dass diese vermeintlich erfolgreicheren Verdienstverhandlungen von Frauen nicht dazu führen, dass sie auch genauso viel verdienen wie Männer.

Bei der Frage, wie oft die TeilnehmerInnen an unserer Studie innerhalb der letzten fünf Jahre schon einmal um eine andere/höhere Position bzw. einen anderen/höheren Verantwortungsbereich verhandelt haben, sind die Unterschiede zwischen den Geschlechtern deutlicher als bei den Gehalts-/Einkommens-/Honorarverhandlungen (Abb. 18).

In der Gruppe der Männer (41 %; Frauen: 37 %) ist der Anteil derjenigen höher, die in den letzten fünf Jahren hierüber nie verhandelt haben. Entsprechend ist der Anteil derjenigen, die das im gegebenen Zeitraum schon ein- oder zweimal getan haben, in der Gruppe der Frauen (43 %) höher als in der Gruppe der Männer (33 %).

Auch hier könnte man wieder zwei ganz unterschiedliche Ursachen vermuten: Entweder sind die Frauen in diesem Berufsfeld ambitionierter als ihre männlichen Kollegen, wenn es darum geht, Mut zu entwickeln und über einen Aufstieg

Abb. 18: Verhandlungen ‚Position' bzw. ‚Verantwortungsbereich' nach Geschlecht; Anteile in % (N = 1.234)

„Wie häufig haben Sie in den letzten fünf Jahren bei Ihrem derzeitigen Arbeitgeber/Ihren derzeitigen Auftraggebern Verhandlungen über Ihre Position/Ihren Verantwortungsbereich geführt?"

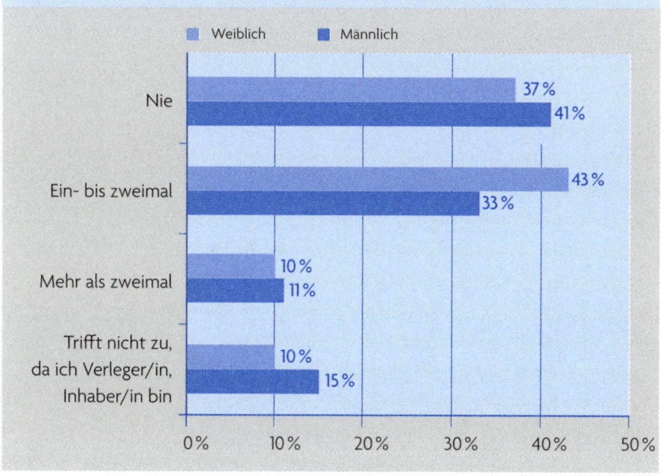

Aufgrund von Rundungen kann die Summe von 100 % abweichen

bzw. eine (attraktive) Veränderung des Verantwortungsbereichs zu verhandeln. Oder aber Männer verspüren viel weniger als Frauen die Notwendigkeit zum Führen solcher Gespräche, weil der Aufstieg oder die (attraktive) Veränderung ihres Verantwortungs- und Zuständigkeitsbereichs bei ihnen eventuell Teil von Zielvereinbarungen ist und damit also auch ohne spezifische Nachfrage Teil eines Karrieredeals mit dem Arbeitgeber bzw. Auftraggeber sein könnte. Dass Frauen insgesamt mit 53 % – die Vorgaben „ein- bis zweimal" und „mehr als zweimal" zusammengefasst – deutlich häufiger als ihre männlichen Kollegen über Position und/oder Verantwortungsbereich verhandelt haben, könnte aber wieder damit erklärt werden, dass sie durch Elternzeiten eher als Männer Karriereunterbrechungen haben, weswegen sie bei der Rückkehr in den Beruf einen entsprechend erhöhten Gesprächsbedarf haben. Aber auch hier muss wieder daran erinnert werden: Unsere Befragten sind zu einem sehr hohen

Anteil kinderlos. Aus der Studie selbst jedenfalls können wir keine Hinweise für die Richtigkeit der einen oder anderen Interpretation ableiten und müssen das deshalb offen lassen. Wie erfolgreich waren die befragten Frauen und Männer bei ihren Verhandlungen um eine andere/höhere Position bzw. einen neuen Verantwortungsbereich (Abb. 19)?

Abb. 19: Erfolg bei Verhandlungen ‚Position' bzw. ‚Verantwortungsbereich' nach Geschlecht; Anteile in % (n = 642)

„Sie haben gerade angegeben, dass Sie bei Ihrem derzeitigen Arbeitgeber/Ihren derzeitigen Auftraggebern schon einmal Verhandlungen über Ihre Position/Ihren Verantwortungsbereich geführt haben. Schlossen diese Verhandlungen mit Erfolg ab? Bitte kreuzen Sie an."

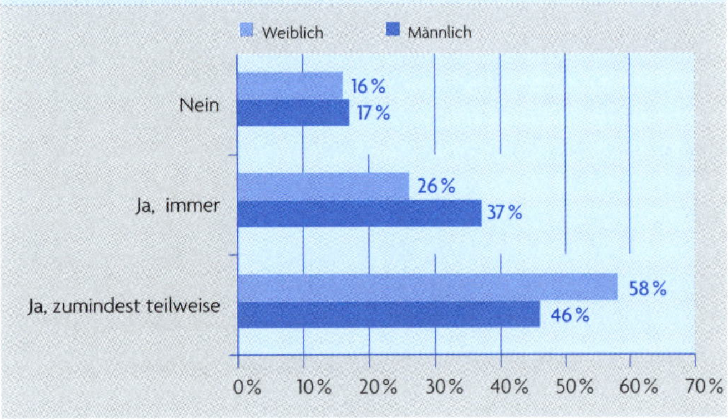

Aufgrund von Rundungen kann die Summe von 100 % abweichen

Wir können hier sehen, dass es in der Gruppe derjenigen, deren Verhandlungen um eine andere/bessere Position bzw. um einen neuen/anderen Verantwortungsbereich nie erfolgreich waren, kaum Unterschiede zwischen Männern und Frauen gibt. In der Gruppe der Männer aber ist der Anteil derjenigen, die bei solchen Verhandlungen immer erfolgreich waren, deutlich höher als in der Gruppe der Frauen; dementsprechend drehen sich die Verhältnisse in der dritten Antwortmöglichkeit um. Das zeigt, dass Männer bei Verhandlungen um ihre Position tendenziell erfolgreicher sind als Frauen.

Die Befunde unserer Studie zu Gehalts- und Positionsverhandlungen von Männern und Frauen liefern Grund genug, über Anlässe und Rahmenbedingungen solcher Verhandlungen, die für Männer und Frauen unterschiedliche sind, einmal eingehender nachzudenken und sie im Berufsalltag bei sich bzw. den eigenen MitarbeiterInnen oder freien Kräften auch einmal mit einem besonderen Blick für die skizzierten Zusammenhänge zu beobachten. Denn eines ist auch klar: In der Regel laufen solche unterschiedlichen Szenarien, über die sich letztendlich ja Berufskarrieren entscheiden, völlig unbewusst ab – sowohl auf Seiten der Vorgesetzten und Arbeitgeber/Auftraggeber wie auch auf Seiten der Beschäftigten/Freien. Umso wichtiger ist es, hier ein spezielles Bewusstsein zu entwickeln für eventuell existierende geschlechtsspezifische Besonderheiten und die daraus eventuell resultierenden Benachteiligungen.

Arbeitszufriedenheit

Angesichts der beschriebenen Einkommensunterschiede quasi ‚auf allen Ebenen' ist es durchaus erstaunlich, dass sich – wie bereits weiter oben gesagt – bei der Arbeitszufriedenheit in unserer Studie keine interpretierbaren Unterschiede zwischen Männern und Frauen zeigen.[13] Für unsere vorsichtige Interpretation, es gäbe auch in unserer Studie einen Zusammenhang zwischen (niedrigem) Einkommen und (niedriger) Arbeitszufriedenheit, hatten wir oben das Argument bemüht, dass 86 % unserer Befragten ein angemessenes Gehalt als ein „wichtiges" bis „sehr wichtiges" Kriterium für sich selbst nennen. Wenn man hier die Daten noch einmal genauer berechnet, dann zeigt sich allerdings, dass andere Gründe für die Arbeitszufriedenheit höhere Zustimmungswerte als das Kriterium ‚Gehalt' erzielen (Tabelle 5).

[13] Skala von 1 („sehr zufrieden") bis 5 („unzufrieden"); Mittelwert Männer 2,42; Frauen 2,44.

Gehalt ist nicht das wichtigste Kriterium für die Arbeitszufriedenheit

Tabelle 5: Kriterien für Arbeitszufriedenheit; Mittelwerte (Skala von 1 „sehr wichtig" bis 5 „unwichtig") (N = 1.234)

Kriterien	Mittelwert
Eigenständigkeit	1,41
Nützlich für Gesellschaft	1,53
Kenntnisse und Fähigkeiten einbringen können	1,62
Anerkennung durch Vorgesetzte	1,75
Angemessenes Gehalt	1,82
Anerkennung durch Kollegen	2,01
Arbeitsplatzsicherheit	2,01
Vereinbarkeit Beruf und Familie	2,11
Weiterentwicklungsmöglichkeiten	2,17

‚Gehalt' als Kriterium für Arbeitszufriedenheit erzielt in unserer Studie bei den Befragten nur eine mittlere Bedeutung. Wichtiger sind vier andere Kriterien: Eigenständigkeit, die Nützlichkeit des beruflichen Tuns und Wirkens für die Gesellschaft, die Möglichkeiten, Kenntnisse und Fähigkeiten im beruflichen Handeln einbringen zu können, sowie die Anerkennung durch Vorgesetzte.

Man darf bei diesem Befund nicht vergessen, dass die ganz überwiegende Mehrzahl unserer Befragten weiblich ist. Wir wissen aus anderen Berufsfeldstudien, dass Frauen im Beruf andere Motive verfolgen und andere Kriterien anlegen als Männer. Frauen nennen in der Regel eher intrinsische Motive und Kriterien, Männer eher extrinsische wie z. B. Gehalt oder Beförderung. Für Frauenberufe ist es deshalb geradezu typisch, dass die dort Beschäftigten ihre Arbeitszufriedenheit eher nicht aus dem – in der Regel niedrigen – Einkommen ableiten. Und so muss man wohl auch für das Berufsfeld Buchhandel und Verlagswesen feststellen, dass die Zufriedenheit der hier arbeitenden (Frauen) nicht von der Höhe des erzielten Arbeitseinkommens abhängt. In Gesprächen mit Berufsvertreterinnen aus einschlägigen professionellen Netzwerken und Verbänden wurde mir denn auch bestätigt, dass das dem Augenschein nach ein Effekt ist, der das (überwiegend weibliche) Berufsfeld in der Tat dominiert. „Wir alle brennen für unseren Beruf. Wir lieben Bücher. Wir sind davon überzeugt, einen Traumberuf auszuüben. Und wir wollen um nichts in der Welt mit anderen tauschen“, so eine meiner Gesprächspartnerinnen.

Aber selbst wenn es auch in diesem Berufsfeld einen Zusammenhang zwischen Arbeitszufriedenheit und der Höhe des Einkommens gibt oder gäbe, dann haben wir es beim Zusammenhang zwischen Arbeitszufriedenheit und (niedrigem) Einkommen bei den vielen Frauen unserer Befragung möglicherweise mit einem Phänomen zu tun, das kürzlich ein Wissenschaftlerteam des Deutschen Instituts für Wirtschaftsforschung (DIW, 2010) der Universitäten Bielefeld und Konstanz offengelegt hat: In drei viel beachteten Studien zu Unterschieden beim Einkommen von Männern und Frauen förderten sie in ihren Befragungen zutage, dass Frauen das Einkommen, das sie für sich persönlich als gerecht ansehen und beziffern, klar unter dem Einkommen liegt, das Männer real erzielen, und auch klar unterhalb dessen liegt, was Männer für sich selbst als ein gerechtes Bruttoeinkommen ansehen.

Frauen gestehen sich selbst also ein geringeres Bruttoeinkommen zu als Männer und rechtfertigen das auch noch mit Hinweisen auf die geringere Leistung von Frauen im Berufsleben durch Mutterschaft und Doppelbelastung in Familie und Beruf. Dieser Effekt zeigt sich in den erwähnten DIW-Studien übrigens bei allen Qualifizierungsgruppen – von den weiblichen ungelernten Hilfskräften bis hin zu Akademikerinnen. Immer war in den Studien das von den Frauen als gerecht angesehene Wunscheinkommen niedriger als das reale Einkommen vergleichbar qualifizierter Männer und als das Wunscheinkommen, das die Männer als für sich angemessen und gerecht angaben.

Schlussbetrachtung

Die Branche ist weiblich

Das Berufsfeld Buchhandel und Verlagswesen ist ein hoch feminisierter Arbeitsmarkt. Das hat nicht zuletzt auch unsere Studie gezeigt. Auch Einzelstudien zu spezifischen Berufsfeldern wie z.B. Lektorin/Lektor belegen empirisch eindeutig die Feminisierung der Branche (vgl. Hömberg, 2010).

Unsere Daten zeigen darüber hinaus auch, dass die feminisierte Buchbranche keine Ausnahme darstellt, was die üblichen (schlechten) Bedingungen von sich feminisierenden bzw. feminisierten Berufen speziell für Frauen betrifft. Einmal mehr wird deutlich, dass ein steigender oder gar hoher bis sehr hoher Frauenanteil alleine aus einem Berufsfeld noch lange keines macht, in dem Berufstätigkeit und Karriereentwicklung für Männer und Frauen zu gleichberechtigten Bedingungen möglich sind. Dass nur 4 % unserer weiblichen, aber 10 % unserer männlichen Befragten eine Position in der Unternehmensleitung innehaben und nur 20 % der Frauen, aber 36 % der Männer unserer Studie eine Führungsposition bekleiden, ist ein deutlicher Hinweis darauf, dass der bereits viele Jahrzehnte zurückliegende Genderswitch auch im Berufsfeld Buchhandel und Verlagswesen nicht zur Aufhebung der üblichen geschlechtsspezifischen Barrieren geführt hat.

Die Bedingungen für Frauen und Männer sind nicht die gleichen

Dieses Phänomen ist bekannt aus anderen sich feminisierenden Berufsfeldern wie Public Relations oder Journalismus. Auch hier erleichterte bisher die Tatsache, dass im Berufsfeld deutlich mehr Frauen als Männer zur Verfügung stehen, den hier beschäftigten Frauen den Karriereaufstieg nicht in nennenswerter Weise. Und obwohl Personalverantwortliche und Arbeitgeber in solchen Berufsfeldern eigentlich nicht mehr behaupten können, es stünden ihnen schon rein quantitativ nicht genügend Frauen für Aufstiegs-, Führungs- und Leitungspositionen zur Verfügung, hört man dieses Lamento immer noch.

Zwar zeigt sich für Medienberufe, dass Frauen im Vergleich zu anderen Berufsfeldern hier in hohen und gehobenen Positionen leicht häufiger vertreten sind als in nicht feminisierten. Fakt aber bleibt, dass in der Gruppe der Männer nach wie vor der Anteil derjenigen, die eine hohe bis sehr hohe Position haben, deutlich größer ist als in der Gruppe der Frauen und dass er auch deutlich höher ist, als es dem Anteil von Männern im Berufsfeld insgesamt entsprechen würde. Deshalb macht die Betrachtung der absoluten Zahlen und Anteile hier auch keinen Sinn; nur beim Blick auf die relativen Zahlen und Anteile erhält man das richtige Bild.

Obwohl es weniger Männer in der Branche gibt, haben sie häufiger die höheren Positionen

Ein Weiteres kommt hinzu: Wie in anderen Medienberufen, so sind auch im Buchhandel und Verlagswesen Frauen deutlich häufiger kinderlos als Männer. Mit diesem Befund hätte man eigentlich, neben der Tatsache ihrer schieren Überzahl, ein zusätzliches Argument für die Vermutung, dass Frauen hier *auffallend* häufiger in höheren Positionen zu finden sein müssten. Schließlich treffen auf sie die sonst üblichen Argumente, mit denen man sich den women drain erklärt (Doppelbelastung), gar nicht zu. Das macht das Berufsfeld höchst interessant für Untersuchungen zur Frage, was die tatsächliche Ursache dafür ist, dass Frauen im Berufsleben keine gleichberechtigte Karriere machen.

Eine viel bemühte Erklärung hierfür ist, dass Frauen keine Lust hätten auf Aufstieg und Karriere. Ich halte dagegen: Stimmt, sie haben keine Lust auf Haifischbecken, auf spitze Ellenbogen, extrem direktives Verhalten, Einsamkeit an der Spitze und Managementstile, über die wir schon seit 30 Jahren hören, sie seien Auslaufmodelle. Aber Lust auf Macht und gute Bezahlung haben sie sicherlich.

Haben Frauen etwa keine Lust auf Karriere?

Und ich halte weiter dagegen: Wer in der Berufswelt nach oben soll, den darf man nicht erst mit Mitte 30 zum ersten Mal mit der prinzipiellen Option hierfür überraschen. Erfolgreiche Aufstiegskarrieren zeichnen sich gerade dadurch aus, dass sie von langer Hand angeregt, geplant und vorbereitet sind. Die ins Auge gefassten Personen – in der Regel also Männer – werden schon früh darauf vorbereitet, meistens bereits in der Ausbildung. Eine Gesellschaft, die sich mehr Frauen in Führungs- und Verantwortungspositionen wünscht, muss Anreiz- und Vorbildmodelle schaffen, damit diese Positionen für Frauen von vornherein eine selbstverständliche Option werden und sie sich ebenso wie Männer angesprochen fühlen, wenn wieder mal eine Führungskraft gesucht wird.

Auch männliche Führungspersönlichkeiten fallen nicht einfach vom Himmel, sondern sind das Produkt einer entsprechenden geschlechtsspezifischen Sozialisation, während der sie zumindest eine entsprechende Erwartungshaltung entwickeln können – auch wenn sie nicht immer explizit auf die an sie herangetragenen Erwartungen vorbereitet werden. Warum also sollten ausgerechnet weibliche ‚high potentials' plötzlich wie das Kaninchen aus dem Zylinder auf der Bühne erscheinen und durchstarten, als hätte man ihnen in ihrem ganzen Leben nichts anderes vorgelebt? Nur weil es jetzt im Berufsleben gerade mal so viele davon gibt? Diese Haltung ist an Naivität und Ahnungslosigkeit kaum zu überbieten.

Der Arbeitsmarkt in Deutschland läuft auf einen Fachkräftemangel zu. Das gilt auch für Berufe im Buchhandel und Verlagswesen. Wenn nicht jetzt, wann dann könnten Frauen ein gehöriges Wörtchen mitreden bei der Frage, zu welchen (verbesserten!) Bedingungen sich in Zukunft weibliche Berufskarrieren entwickeln können? Die Wirtschaft wird nicht aus reiner Menschenliebe – besser gesagt: aus reiner Verantwortung für Geschlechtergerechtigkeit – die Karriereaussichten von Frauen strukturell verbessern. Eine solche Verbesserung ergibt sich nur, wenn sie dazu gezwungen wird – sei es aus ökonomischen Gründen (Fachkräftemangel) oder aus regulativen (Frauenquote).

Solange Arbeitgeber aber mit hervorragend und mehrfach ausgebildeten Frauen nach wie vor eine ausreichend große Gruppe von potenziellen Arbeitskräften zur Verfügung haben, die Gleichberechtigung nicht einfordert, die bereitwillig für weniger Gehalt als die männlichen Kollegen arbeitet und das auch noch für gerechtfertigt hält, und solange Arbeitgeber nur darauf vertrauen, dass allein die schiere Menge an in den Arbeitsmarkt strömenden Frauen den Mangel an Fachkräften und Führungspersonal schon lösen wird, so lange wird sich an dem beschriebenen Zustand nichts ändern. Trotz des bevorstehenden Arbeitskräftemangels wird es ganz entscheidend auf das Bewusstsein der betroffenen Arbeitnehmerinnen und Selbstständigen ankommen, ob zukünftige Frauengenerationen den Gap bei Gehalt und Karriereentwicklung zwischen Männern und Frauen schließen können oder nicht und ob ihnen der Aufstieg im Beruf zu gleichberechtigteren Bedingungen gelingen wird als Vorgängergenerationen. Von alleine wird es nicht so weit kommen, dass man nur noch den Löffel rausstrecken muss, weil es Brei zu regnen beginnt.

Es kommt auf das Bewusstsein der Frauen an

Romy Fröhlich

Für die vorliegende Publikation hat Prof. Dr. Romy Fröhlich die Ergebnisse der Studie zur Arbeitssituation in der Buchbranche zusammengefasst. Eine ausführliche wissenschaftliche Berichtslegung der Untersuchung wird sie in Kürze in einem wissenschaftlichen Verlag veröffentlichen, sodass dort alle Details der Datenanalyse nachgelesen werden können.

Quellenverzeichnis

Adrian, W. (1998). *Frauen im Buchhandel. Eine Dokumentation zur Geschichte einer fast lautlosen Emanzipation.* Archiv für Geschichte des Buchwesens, 50, S. 147–250.

Altenheim, H. (2006). Die Krisis im deutschen Buchhandel. In O. Blaschke & H. Schulze (Hrsg.), *Geschichtswissenschaft und Buchhandel in der Krisenspirale* (S. 71–82). München: Oldenbourg.

Börsenblatt.net – Online-Magazin für den deutschen Buchhandel (2010, 30. Juni). *Buchhandlungen.* http://www.boersenblatt.net/373298/template/bb_tpl_branchenzahlen/ [online eingesehen am 28.7.2010].

Börsenverein des Deutschen Buchhandels (Hrsg.) (2005). *Berufsbild Verlagspressesprecher – Profil und Bedeutung des Pressesprechers im Verlag.* Frankfurt a. M.: Verleger-Ausschuss des Börsenvereins des Deutschen Buchhandels.

Börsenverein des Deutschen Buchhandels (Hrsg.) (2009). *Buchhandel in Zahlen 2009.* Frankfurt a. M.: MVB Buchhändler-Vereinigung.

Braun, R. & Hillebrecht, S. (2007a). *Gehaltsstrukturen im deutschen Buchhandel. Bestandsaufnahme und Anregungen für eine innovative Vergütung.* Unveröffentlichter Bericht einer Studie der Personalberatung *bookjob*, Bamberg, und der Hochschule für Technik, Wirtschaft und Kultur Leipzig.

Braun, R. & Hillebrecht, S. (2007b). *Unterdurchschnittlich bezahlt.* Personal, 59 (9), S. 30–32.

Coser, L. A., Kadushin, C. & Powell, W. W. (1982). *Books. The culture and commerce of publishing.* New York: Basic Books.

DIW (Hrsg.) (2010). *Mit zweierlei Maß gemessen – Geringere Bezahlung von Frauen wird nicht als ungerecht wahrgenommen.* Informationsdienst Wissenschaft http://idw-online.de/pages/de/news378076 [online eingesehen am 28.7.2010].

Fröhlich, R., Peters, S. B. & Simmelbauer, E.-M. (2005). *Public Relations. Daten und Fakten der geschlechtsspezifischen Berufsfeldforschung.* München, Wien: Oldenbourg.

Fröhlich, R. (2009). Dauerbaustelle. Aktuelle Probleme und Herausforderungen der hochschulgebundenen Journalistenausbildung. In Holtz-Bacha, C., Reus, G., & Becker, L.B. (Hrsg.), *Wissenschaft mit Wirkung. Beiträge zu Journalismus- und Medienwirkungsforschung* (S. 206–219). Wiesbaden: VS Verlag für Sozialwissenschaften.

Göbel, W. (1986). *Lektoren – die geistigen Geburtshelfer. Marginalien zur Praxis und Geschichte eines jungen Berufsstandes.* In Gutenberg-Jahrbuch 1986, 61. Jg., S. 271–280 (für die Herausgabe verantwortlich H.-J. Koppitz). Mainz: Gutenberg-Gesellschaft.

Hömberg, W. (2010). *Lektor im Buchverlag. Repräsentative Studie über einen unbekannten Kommunikationsberuf.* Konstanz: UVK.

Kalmbach, G. (Hrsg.) (2000). *Frauen machen Bücher.* Königstein: Ulrike Helmer Verlag.

Kamphuis, A. (2006). *Honorare im Freien Lektorat: Ergebnisse und Konsequenzen der VFLL-Honorarumfrage 2005.* (Schriftenreihe Band 3 des Verbands der Freien Lektorinnen und Lektoren). Erhältlich beim VFLL. http://www.vfll.de/pages/publikationen/bestellung.php?Honorare=1 [online abgerufen am 28.7.2010].

Kamphuis, A. (2008). *Soziale und wirtschaftliche Lage im Freien Lektorat im Jahr 2006. Ergebnisse der VFLL-Umfrage aus dem Jahr 2008.* Unveröffentlichtes Manuskript.

Lucius, W. D. von (2006). Verlagstypen und Verleger – gestern, heute, morgen. In O. Blaschke & H. Schulze (Hrsg.), *Geschichtswissenschaft und Buchhandel in der Krisenspirale* (S. 83–96). München: Oldenbourg.

Marketing- und Verlagsservice des Buchhandels (MVB) (Hrsg.) (2010a). Adressbuch für den deutschsprachigen Buchhandel 2010/11; Band 2. Frankfurt a. M.: MVB.

Marketing- und Verlagsservice des Buchhandels (MVB). (Hrsg.). (2010b). Adressbuch für den deutschsprachigen Buchhandel 2010/11; Band 3. Frankfurt a. M.: MVB.

Nickel, K. (Hrsg.) (2006). *Krise des Lektorats?* Göttingen: Wallstein.

Schipperges, I. (2010). *Traumberuf: Buchhändler.* http://www.stellenboersen.de/praktika/erfahrungsberichte/070715traumberuf-buchhaendler.html [online abgerufen am 28.7.2010]

Schneider, U. (2005). *Der unsichtbare Zweite. Die Berufsgeschichte des Lektorats im literarischen Verlag*. Göttingen: Wallstein.

Schwenk, J. (2006). *Berufsfeld Journalismus. Aktuelle Befunde zur beruflichen Situation und Karriere von Frauen und Männern im Journalismus.* München: Verlag Reinhard Fischer.

Siblewski, G. (2007). *Die diskreten Kritiker. Warum Lektoren schreiben – vorläufige Überlegungen zu einem Berufsbild.* Aachen: Rimbaud.

Statistisches Bundesamt (Hrsg.) (2006). *Statistisches Jahrbuch 2006.* Online einzusehen unter https://www-ec.destatis.de/csp/shop/sfg/bpm.html.cms.cBroker.cls?cmspath=struktur,vollanzeige.csp&ID=1019209 [online abgerufen am 28.7.2010]

Statistisches Bundesamt (Hrsg.) (2009). *Statistisches Jahrbuch 2009.* Online einzusehen unter http://www.destatis.de/jetspeed/portal/cms/Sites/destatis/SharedContent/Oeffentlich/B3/Publikation/Jahrbuch/Kultur,property=file.pdf [online abgerufen am 28.7.2010]

Stöcker, N. (2008). *Die große Schwester hilft beim Netzwerken.* buchreport.magazin, Mai 2010, S. 62–63.

Wegner, B. (Hrsg.) (2001). *Die Freundinnen der Bücher. Buchhändlerinnen.* Königstein: Ulrike Helmer Verlag.

Wegner, B. (Hrsg.) (2003). *Die Freundinnen der Bücher (Bd. 2). Buchhändlerinnen, Antiquarinnen, Bibliothekarinnen.* Königstein: Ulrike Helmer Verlag.

Weischenberg, S., Scholl, A., & Malik, M. (2006). *Die Souffleure der Mediengesellschaft. Report über die deutschen Journalisten.* Konstanz: UVK.

Weise, T. (2007). *Die Buchbranche ist weiblich.* Unveröffentlichter Vortrag auf der Vollversammlung der BücherFrauen e. V., 2.–4. November 2007, Frankfurt a. M.

UrheberInnen – Kann man vom Schreiben und Übersetzen leben?

UrheberInnen liefern den Stoff, aus dem Bücher überhaupt erst entstehen. Die folgenden beiden Beiträge sind AutorInnen und LiteraturübersetzerInnen gewidmet. Sie bieten einen kleinen Einblick in die beruflichen Bedingungen und die finanzielle Situation und lassen erkennen, welch erstaunlich geringen Wert die Buchbranche den Leuten zumisst, aus deren Werken sie Bücher macht.

AutorInnen

Von allen in Buchberufen sind AutorInnen am direktesten vom unmittelbaren Verkaufserfolg eines Buches abhängig, denn ihr Honorar wird „pro verkauftem Exemplar" berechnet. Zwar bekommen sie in der Regel zum Erscheinungstermin (oder, je nach Vereinbarung, auch schon ganz oder teilweise vorher) ein einmaliges „Garantiehonorar" von meist einigen tausend Euro, das jedoch zu dem für die Fertigstellung des Manuskripts nötigen Aufwand in keinem Verhältnis steht. Dieses Garantiehonorar wird außerdem in Gänze auf das „Erfolgshonorar" angerechnet. Bleibt die verkaufte Auflage unter der Zahl, die für ein Übersteigen der Garantiesumme nötig wäre, kommt es also zu keinerlei weiteren Zahlungen – und das ist weitaus häufiger der Fall, als uns lieb ist. Das Erfolgshonorar, das meist einmal jährlich oder halbjährlich abgerechnet und ausgezahlt wird (einige wenige besonders faire und autorInnenfreundliche Verlage zahlen darauf monatliche Vorschüsse), liegt – je nach Vertrag und meist nach Auflagenhöhe gestaffelt – bei etwa 5–12 % des Nettoladenverkaufspreises oder 12–17 % des Netto-Verlagsumsatzes mit dem fraglichen Titel. Bei einem Buch, das sich wirklich gut verkauft, können dabei ansehnliche Summen zustande kommen, viele Bücher werfen aber für ihre AutorInnen in den Jahren nach dem Erscheinen im günstigen Fall

Das Honorar ist vom Verkaufserfolg des Titels abhängig

eher ein bescheidenes Zubrot ab. Hinzu kommt, dass viele Verlage ihre Backlist nicht langfristig pflegen und die meisten Bücher mit „normalen" oder eher geringen Verkaufszahlen zum Leidwesen der AutorInnen schon nach wenigen Jahren wieder aus dem Programm nehmen (sprich: verramschen), sodass die Einnahmen oft allzu rasch wieder versiegen.

Vergütungen der VG Wort, Einnahmen durch Nebenrechte und Lesungen tragen zum Einkommen bei

Zu den direkt vom Verlag bezahlten Honoraren kommen die Vergütungen der *VG Wort* sowie bei erfolgreichen Büchern Einnahmen durch die sogenannten Nebenrechte, wenn ein Buch z. B. später als Taschenbuch oder als Hörbuch herauskommt, übersetzt oder gar verfilmt wird. Auch Lesungen können einiges zum Einkommen beitragen. Ein wirklich gut laufendes Buch kann so für eine Weile durchaus ein akzeptables Auskommen sichern. Im Hinblick auf die langfristige Einkommenssituation zu bedenken ist allerdings, dass – außer bei echten ErfolgsautorInnen – immer unklar bleibt, wie sich ihre weiteren Bücher verkaufen werden. Auch am Markt gut platzierte AutorInnen leben deshalb immer mit einem großen Maß an Unsicherheit, das sich jederzeit negativ auf ihr Arbeitseinkommen auswirken kann.

Hinzu kommt, dass das Honorar von AutorInnen Gegenstand individueller Verhandlungen ist, es also ganz auf den jeweiligen „Marktwert" und das persönliche Verhandlungsgeschick der Betroffenen ankommt, die in diesem Prozess meist auf sich allein gestellt sind. Oft haben Verlage zudem Standardbedingungen, an denen sich nur schwer rütteln lässt. In vielen Sparten sehen sich AutorInnen von den Verlagen zu austauschbaren „content providern" degradiert. Um sich eine bessere Verhandlungsposition zu verschaffen, lassen sich manche deshalb von Agenturen vertreten, wofür sie dann aber auch wiederum 15 % des erzielten Honorars abgeben müssen.

Nicht überraschen kann daher, dass im „Who's who der BücherFrauen 2009" unter der Rubrik „Autorinnen und Herausgeberinnen" zwar 94 Frauen verzeichnet sind, doch nur 8 von ihnen dies als einzige Berufsbezeichnung angeben. (Die häufigsten „Nebenjobs" sind „Lektorin" mit 36 und „Übersetzerin" mit 25 Nennungen.) Mit anderen Worten: Autorin zu sein ist meist nur ein Stand- oder Spielbein der weiblichen Buchberufsrealität. Auch wenn viele sich dies wünschen – vom Schreiben zu leben erweist sich im Regelfall als äußerst schwierig.

Nach einer Übersicht der Künstlersozialkasse (KSK) hatten die 2.796 im Jahr 2003 bei der KSK versicherten „SchriftstellerInnen und DichterInnen" ein durchschnittliches Jahreseinkommen von 10.640 €. Bei den 1.503 wissenschaftlichen AutorInnen sind es 10.808 €. Im Jahr 2008 ist die Anzahl der SchriftstellerInnen auf 3.013 gestiegen, und ihr durchschnittliches Jahreseinkommen betrug 13.199 € (bei den 1.671 wissenschaftlichen AutorInnen 11.841 €). Daraus ergibt sich ein Anstieg des Einkommens auf 124,0 % (bei den wissenschaftlichen AutorInnen von 109,6 %) im Vergleich zu 2003. (Leider liegen seitens der KSK keine nach weiblichen und männlichen Versicherten differenzierten Zahlen vor, sodass sich aufgrund dieser Zahlen nicht ermitteln lässt, wie hoch der Frauenanteil ist und ob hinsichtlich des Einkommens geschlechtsspezifische Unterschiede bestehen.)

Vom Schreiben allein können die wenigsten leben

Bedenkt man, dass es sich bei dem von der KSK dokumentierten, ohnehin eher geringen Durchschnittseinkommen um ein „Betriebsergebnis" vor Steuern handelt, wird unmittelbar deutlich, dass es sich von den AutorInnenhonoraren allein nicht leben lässt, wobei es natürlich erfolgreiche AutorInnen gibt, die weit über diesem Durchschnitt liegen – sie sind die Ausnahmen, die die Regel bestätigen.

Insgesamt zeigt sich: AutorInnen haben einen überaus interessanten Beruf mit hohem Risiko und ohne garantierten Erfolg auch bei hervorragenden Leistungen.

Eine der bekanntesten und erfolgreichsten Autorinnen zurzeit: Stephenie Meyer

LiteraturübersetzerInnen

Vor Jahren einmal stellte Ursula Brackmann, Mitbegründerin des *Übersetzerverbandes VdÜ*, fest: Der Übersetzer ist weiblich. Das war anlässlich einer Diskussion über die Frage, ob die Verbandszeitschrift, damals mit dem Titel „Der Übersetzer“, nicht umbenannt werden sollte, damit auch Übersetzerinnen sich repräsentiert fühlten. Inzwischen heißt die Zeitschrift längst „Übersetzen“, doch der Satz bleibt insofern weiter gültig, als das Übersetzen von Literatur – Belletristik, Sachbuch, Kinder- und Jugendbuch sowie Fachbuch und wissenschaftlichen Werken – ein überwiegend weiblicher Beruf ist (eine private Zählung der auf der Website des VdÜ verzeichneten BelletristikübersetzerInnen ergibt 504 Frauen zu 185 Männern). Unter den großen Namen sind freilich gewiss ebenso viele Männer wie Frauen.

ÜbersetzerInnen literarischer Werke können nirgendwo in Europa angemessen von ihrer Arbeit leben

Eine Vergleichsstudie, die der Rat der Europäischen Literaturübersetzerverbände *CEATL* 2007/08 in 21 Ländern durchgeführt hat, kommt zu dem Ergebnis, dass ÜbersetzerInnen literarischer Werke nirgendwo in Europa angemessen von ihrer Tätigkeit leben können. Im Schnitt belaufen sich ihre Bruttoeinnahmen auf unter zwei Drittel des Lohns von Facharbeitern. In keinem Land übersteigt die Kaufkraft der ÜbersetzerInnen 60 % des Durchschnittwerts. Um ihren Lebensunterhalt zu bestreiten, arbeiten viele sieben Tage in der Woche und leisten sich nur selten Urlaub. Geht das in jungen Jahren oft gut, weil die Liebe zur Sache und der Wille, es zu schaffen, Energie und Kräfte freisetzen, so machen ihnen später häufig Rückenleiden, konstante Geldnot und drohende Altersarmut zu schaffen. Besser geht es allenfalls denen, die zu einem Familieneinkommen beitragen, bei dem der Partner oder die Partnerin einen Beruf mit sicherem Einkommen hat (aber ist das der Sinn einer vollen Arbeitskraft?). Als Ausweg wird zur „Mischkalkulation“ geraten: Man leiste sich nur selten die Bücher, an denen einem wirklich läge, und nehme leichte Kost hinzu, bei der ein Vielfaches der Seitenzahlen am Tag zu schaffen ist, oder Übersetzun-

gen für andere Wirtschaftsbereiche, wo ordentlich bezahlt wird. Oder man arbeite zusätzlich als freie LektorIn, DozentIn, Coach, TaxifahrerIn, Yoga-, FeldenkraislehrerIn etc.
Dieses Bild ist unvollständig, denn natürlich sind nicht alle LiteraturübersetzerInnen darauf fixiert, die Blüten der Weltliteratur in ihre Sprache zu übertragen. Es gibt viele Gründe, einen Beruf zu ergreifen, der so eigenständig und selbstbestimmt ist und der so sehr dazu zwingt, mit der Sprache und an der eigenen Sprache zu arbeiten. Es gibt so viele Neigungen und Begabungen wie Textsorten, mindestens. Und es gibt jede Menge ÜbersetzerInnen, die – als Singles und Alleinerziehende – „nur" mit Übersetzungen ihren Lebensunterhalt bestreiten. Für alle Literaturübersetzungen jedoch gilt: Seit weit mehr als einem Jahrzehnt stagnieren die Preise.

Für Hardcover und Taschenbuch gelten unterschiedliche Preise

Wie sehen diese Preise aus? Bezahlt wird in den deutschsprachigen Ländern pro Normseite, das sind 30 Zeilen à 60 Zeichen. (Eine Übersetzung folgt dem Zeilenfall des Originals, auch kürzere Zeilen, etwa in Dialogen, und Leerzeilen werden gezählt, sodass 30 x 60 ≠ 1.800 sind.) Es wird unterschiedlich nach Hardcover und Taschenbuch gezahlt – aus Sicht der ÜbersetzerInnen eine der vielen Absonderlichkeiten ihrer Bezahlung, ist doch die Arbeit die gleiche. Hier wie da wird jede Seite drei- bis viermal bearbeitet: Rohversion, erste und zweite Überarbeitung, Fahnen. Die Spanne der Seitenpreise reicht von ca. 12 € bis ca. 27 €. Zu diesem Grundpreis können sich Nebenrechte und Beteiligungen addieren, allerdings laut *CEATL*-Studie nur in max. 40 bzw. 20 % der Verträge. Die Beteiligung an den Nebenrechten beträgt, so sie gewährt wird, zwischen 2 und 10 % des Verlagserlöses. Die Absatzbeteiligung setzt bei unterschiedlichen Auflagenhöhen ein und beträgt zwischen 0,5 und 3 % des Nettoladenpreises. Im Oktober 2009 ist ein BGH-Urteil ergangen, in dem eine Absatzbeteiligung von 0,8 (HC) bzw. 0,4 (TB) % ab dem 5.000. Exemplar und eine wesentlich höhere Nebenrechtsbeteiligung empfohlen wird. Da die vorgetragenen

Fälle wieder an die Oberlandesgerichte verwiesen wurden, wird die Umsetzung wohl nur schrittweise vor sich gehen. Die genannten Beträge machen den Umsatz aus, nicht zu verwechseln mit Brutto- und Nettoeinkommen, die wesentlich darunter liegen: Die Künstlersozialkasse, die für ihre Berechnungen den steuerlichen „Gewinn" zugrunde legt, also die Betriebseinnahmen abzüglich Betriebsausgaben, errechnete als durchschnittliches Jahreseinkommen der ÜbersetzerInnen im Jahr 2008 einen Betrag von 14.231 €. Das Nettoeinkommen ist entsprechend geringer, laut *CEATL*-Studie liegt es im Durchschnitt bei 12.530 €. Damit erreichen ÜbersetzerInnen in Deutschland nur gut 50 % des Durchschnittswerts der Einkommen im Herstellungs- und Dienstleistungsgewerbe. Dass diese Einkommen Anlass zu Auseinandersetzungen mit den Verlagen bieten, dürfte nicht wundernehmen. Seit der Urheberrechtsnovelle von 2002, in der den ÜbersetzerInnen (wie anderen UrheberInnen auch) ein Anspruch auf „angemessene" Vergütung zugesprochen wird, ringen beide Seiten erbittert um eine Regelung (mehr unter www.literaturuebersetzer.de).

ÜbersetzerInnen sind gut organisiert und inhaltlich stark engagiert

Die ÜbersetzerInnen sind gut organisiert, von den gut 2.400, die bei der KSK gemeldet sind, sind etwa die Hälfte Mitglieder des VdÜ und damit zugleich der Bundessparte Übersetzer des VS in der Dienstleistungsgewerkschaft *ver.di*. In vielen Städten treffen sich Kolleginnen und Kollegen zu regelmäßigen Übersetzertreffen oder Stammtischen, es gibt

ÜbersetzerInnen diskutieren bei der Jahrestagung in Wolfenbüttel

Fortbildungen für diesen ungeschützten Beruf, finanziert zu einem überwiegenden Teil durch den *Deutschen Übersetzerfonds (DÜF)*, der auch über 100 Stipendien im Jahr vergibt. Die Jahrestagung in Wolfenbüttel zieht jedes Jahr bis zu 200 Übersetzerinnen und Übersetzer, Lektorinnen und Lektoren an. Das inhaltliche Engagement für ihren Beruf steht bei Übersetzern nach wie vor hoch im Kurs.
Etwas, worüber sich nur schwer reden lässt, ist die Frage, warum dieses Engagement – die Liebe zu Texten, die lebenslange Fortbildung, das besondere Talent, Originale aus anderen Sprachen nachzuschöpfen – von den Verwertern nicht stärker als kreatives Potenzial genutzt und honoriert wird. Die hohe Literatur und eine kleine Riege ausgenommen, die viel umworben, preisgekrönt und oft stark überarbeitet ist (ohne freilich dadurch wohlhabender zu werden als der Rest, weil sie nur das Schwierigste vom Schwierigen übersetzt), werden ÜbersetzerInnen fast mehr für Pünktlichkeit geschätzt als für Brillanz. Manchmal gilt die Übersetzung sogar nur als Vorlage für eine Bearbeitung durch das Lektorat. Bücher werden im Verlag „gemacht“. Das widerspricht nicht bloß der Idee des Urhebertums. Denn richtig gut kann eine Übersetzung nur werden, wenn sie wie das Original aus einem Guss ist, aus einem Geist verfasst. Wie viel Arbeit könnte sich das Lektorat sparen, wie viel besser könnte ein Text werden, wenn die Arbeit der ÜbersetzerInnen ernst genommen würde.

Irmela Erckenbrecht, Karen Nölle

IllustratorInnen – Beruf oder brotlose Kunst?

Der weitaus größte Teil der IllustratorInnen in Deutschland ist laut einer Umfrage der *Illustratoren Organisation e.V. (IO)* von 2008 freiberuflich bzw. selbstständig tätig (98,9 %). Es gibt zwar deutliche geschlechtsspezifische Unterschiede, was die Besetzung der Arbeitsfelder innerhalb der Berufsgruppe angeht: So arbeiten Männer vor allem in Bereichen wie Werbung, Animation, Comic und Storyboarding, während Frauen besonders stark in den Bereichen Kinderbuch, Schulbuch und Jugendbuch vertreten sind. Im Unterschied zu anderen Berufsgruppen innerhalb der Buchbranche, die deutlich frauendominiert sind (SortimenterInnen, ÜbersetzerInnen, LektorInnen etc.), ist bei den IllustratorInnen der Anteil von Männern und Frauen über all diese Arbeitsfelder hinweg gesehen jedoch ungefähr gleich hoch. Die Mehrzahl der IllustratorInnen arbeitet zu Hause, daran hat sich wenig geändert. Im Unterschied zu früher ist jedoch ein Trend zur Vernetzung erkennbar: Das zeigt sich an der Zunahme von Bürogemeinschaften und gemeinsam genutzten Ateliers ebenso wie an der digitalen Vernetzung über das Internet.

Im Illustratorenberuf sind Männer und Frauen etwa gleich stark vertreten

Die IllustratorInnen gehören zu den sogenannten „working poor" – laut der Umfrage der IO verfügen 45 % der Befragten über ein durchschnittliches Jahreseinkommen von unter 12.000 € (netto) und weitere 28 % über ein Einkommen von unter 24.000 €. So verwundert es nicht, dass die meisten der Befragten angaben, von ihrer Tätigkeit als IllustratorIn nicht leben zu können (65,8 %). Viele sind auf das Einkommen des Partners angewiesen (40,5 %) bzw. üben einen Zweitberuf aus (30,0 %). Altersvorsorge findet kaum statt: Das Bilden von Rücklagen oder eine langfristige finanzielle Planung sind für einen Großteil der KünstlerInnen kaum möglich, da Projekte oft kurzfristig vergeben werden und sich meist über einen kurzen Zeitraum erstrecken.

Laut Umfrage der IO können 65,8 % der IllustratorInnen nicht von ihrer Arbeit leben

Mit der Angst vor drohender Altersarmut ist es vielleicht auch zu erklären, dass der Anteil der Berufstätigen innerhalb der Altersgruppe der 46- bis 55-Jährigen stark abfällt. Der Großteil der befragten IllustratorInnen ist zwischen 18 und 45 Jahre alt (86,9 %). Nach einer Einschätzung von Marcus Frey (Geschäftsführer der IO) haben junge IllustratorInnen anfangs weniger finanzielle Probleme, weil sie oft vom Elternhaus unterstützt werden. Wem es nach mehreren Jahren im Beruf nicht gelungen sei, sich zu etablieren, der wende sich mit zunehmendem Alter jedoch möglicherweise anderen Berufsfeldern zu, die finanziell mehr Erfolg versprechen. Es sei überdies unverkennbar, dass die Sparte während der letzten Jahre insgesamt wirtschaftlich abgerutscht sei und staatliche Unterstützung innerhalb der Berufsgruppe zunehme – nicht wenige IllustratorInnen lebten von Hartz IV.

Illustratorinnen verdienen weniger als Illustratoren, da sie in anderen Arbeitsfeldern tätig sind

Wie sieht es mit den geschlechtsspezifischen Unterschieden in der Bezahlung aus? Illustratorinnen verdienen weniger als Illustratoren. Unter den Befragten, die angaben, von ihrer Tätigkeit als IllustratorIn nicht leben zu können (65,8 %), waren mehr Frauen als Männer. Auch die Mehrzahl der Befragten, die angaben, auf das Einkommen des Partners angewiesen zu sein (40,5 %), ist weiblich. Das hat in erster Linie mit der Wahl des Arbeitsfelds zu tun: Denn im Bereich Kinder-/Jugend- und Schulbuch wird die Arbeit zumeist unangemessen vergütet. Gut bezahlte Branchen wie Animation, Werbung und Storyboard dagegen werden überdurchschnittlich häufig von Männern besetzt.

Der wohl größte Katalysator für Veränderungen im Berufsfeld Illustration ist die Digitalisierung. Dadurch sind innerhalb der letzten beiden Jahrzehnte einerseits Aufträge weggebrochen: So wurden ganze Produktionsbereiche, die früher von IllustratorInnen besetzt waren, automatisiert, z. B. bei Stadtplänen und geografischen Karten oder beim Kolorieren mithilfe von Bildbearbeitungsprogrammen. Andererseits hat die Digitalisierung viele neue Arbeitsfelder geschaffen wie z. B. Animationsfilm, PC-Spiele, Whiteboards (interaktive Tafelbilder), und der Bedarf an illustrativem Web-Content ist

Sichert Ihr Einkommen als Illustrator den Lebensunterhalt bzw. den Ihrer Familie?	Response Percent	Response Count
Ja	34.2 %	241
Nein	65.8 %	463
	answered question	704
	skipped question	5

Quelle: Illustratoren Organisation e.V. – Umfrage 2008

Falls Ihr Einkommen als Illustrator den Lebensunterhalt nicht sichert, welches sind Ihre alternativen Einkünfte?	Response Percent	Response Count
Zweitberuf	31.0 %	160
Einkommen des Partners	40.5 %	209
andere Einkünfte	32.0 %	165
keine anderen Einkünfte	12.0 %	62
	answered question	516
	skipped question	193

Quelle: Illustratoren Organisation e.V. – Umfrage 2008

Wie hoch war Ihr durchschnittliches Jahreseinkommen (netto) 2007?	Response Percent	Response Count
unter 12.000 Euro	45.0 %	317
12.000 Euro bis 18.000 Euro	16.1 %	113
18.000 Euro bis 24.000 Euro	12.1 %	85
24.000 Euro bis 35.000 Euro	9.7 %	68
35.000 Euro bis 48.000 Euro	4.1 %	29
48.000 Euro bis 60.000 Euro	4.7 %	33
über 60.000 Euro	4.3 %	30
in 2007 noch nicht berufstätig gewesen	4.1 %	29
	answered question	704
	skipped question	5

Quelle: Illustratoren Organisation e.V. – Umfrage 2008

groß. Auch Wirtschaftsunternehmen und wissenschaftliche Einrichtungen arbeiten zunehmend mit von IllustratorInnen erstellten Infografiken und sogenannten rich pictures – das sind Schaubilder, mithilfe derer sich auch komplexe Zusammenhänge erläutern lassen.

Der Bedarf an IllustratorInnen steigt, während die Bereitschaft zu angemessener Vergütung sinkt

Die beschriebenen Veränderungen gehen mit neuen Herausforderungen bzw. Problemen einher. So steht dem gestiegenen Bedarf an illustrativen Inhalten z. B. im World Wide Web der Anspruch der Nutzer gegenüber, dass diese Internetangebote kostenlos verfügbar sind. Das hat nach Einschätzung der IO zur Folge, dass der Bedarf an der Arbeit von IllustratorInnen steigt, während die Bereitschaft, deren Leistung angemessen zu vergüten, gesunken ist.

Ein angemessener Umgang mit den neu entstandenen Nutzungsarten – so Marcus Frey – müsse noch gefunden werden: Ein Problem seien die sogenannten Total-Buy-Out-Verträge, die vor allem im Schulbuch-Bereich häufig anzutreffen sind. Hierbei zahlen Verlage eine einmalige Pauschale, die statt einer vertraglich genau festgeschriebenen Nutzung sämtliche Nutzungsarten des Werks einschließt. Eine Illustration dürfte demnach neben der Verwendung im gedruckten Buch auch für die digitale Nutzung durch Whiteboards sowie andere digitale Lernmedien oder als Vorlage für Non-Book-Produkte etc. verwendet werden.

Um den veränderten Anforderungen gerecht zu werden, brauchen IllustratorInnen heute ein breiteres Repertoire an Fertigkeiten und Kenntnissen: Es reicht nicht (mehr) aus, gut zeichnen zu können. Dank des Engagements von Interessenvertretungen wächst innerhalb der Branche ein Bewusstsein dafür, dass es unerlässlich ist, sich um rechtliche Belange sowie um eine angemessene Vergütung der eigenen Leistung zu kümmern. Betriebswirtschaftliche Kenntnisse sind sicher von Vorteil. Es empfiehlt sich angesichts der unterschiedlichen Verdienstmöglichkeiten in den verschiedenen Arbeitsfeldern außerdem, sich möglichst breit aufzustellen und auf die Anwendbarkeit der Illustrationen zu achten.

Dank der zunehmenden Vernetzung untereinander wissen IllustratorInnen heute besser über ihre Rechte Bescheid als früher und auch, woher sie einschlägige Informationen bekommen können. So stellt die IO für Mitglieder Musterverträge zur Verfügung und leistet Hilfestellung für BerufsanfängerInnen in Form von Seminaren und Treffen. Nur wenn die Branche einen Berufsbegriff entwickelt und aktiv für ihre Interessen einsteht, kann auf lange Sicht qualitätvolle Arbeit geleistet werden. Und die hat bekanntlich ihren Preis.

Judith Grubel

Illustration © Felix Volker Feyerabend

LiteraturagentIn – Ein Beruf ohne gläserne Decke?

Außerhalb der Verlage kennt sie kaum jemand: die LiteraturagentInnen. Sie bleiben auch dann im Hintergrund, wenn ihre Entdeckungen Bestsellerlisten erklimmen und vom Feuilleton gefeiert werden. Dem Buch ist dies nicht anzusehen, denn nur in seltenen Fällen wird die Agentur im Impressum genannt.

Dabei ist der Anteil einer Agentur am Erfolg nicht unwesentlich. Als Subagentur vermittelt sie Stoffe ausländischer Verlage an deutschsprachige Verlage. Als Autorenagentur nimmt sie AutorInnen Kontaktaufnahme, Verhandlungen und Vertragsgestaltung ab. In einer für den Laien immer unübersichtlicher werdenden Verlagslandschaft sucht sie den optimalen Platz für die Bücher ihrer Klienten.

Konzentrationsprozesse, Sparmaßnahmen und Funktionswandel des Lektorats machen den Einsatz von Agenturen für Lizenznehmer und für Lizenzgeber zum Gewinn: Immer mehr Verlage werden Bestandteil großer oder mittlerer Verlagsgruppen. Diese sogenannten Imprints werden zu Profitcentern in einem Konglomerat teils unterschiedlicher, teils konkurrierender Verlagsnamen unter einem Dach. In den Lektoraten bleibt immer weniger Zeit, aus der Fülle der ausländischen Novitäten diejenigen Titel herauszufiltern, die für das eigene Programm geeignet sind, oder gar Manuskripte von unbekannten AutorInnen zu sichten. Für unbekannte AutorInnen sind Agenturen Türöffner. Bereits vermittelten AutorInnen garantieren Agenturen Kontinuität in der Ansprache, wenn LektorInnen wechseln, Programme umstrukturiert werden, feste Reihen verschwinden.

Eine Spezialisierung auf bestimmte Genres ist sinnvoll

Die Arbeit einer Agentur beginnt mit dem Sichten und Beurteilen neuer Manuskripte oder Exposés – oft bereits bis zu zwei Jahre vor Erscheinen als Originalausgabe. Beim Lesen haben die AgentInnen immer die Auswahlkriterien verschiedener Verlage im Blick. Um dafür ein sicheres Gespür zu entwickeln, ist es sinnvoll, sich auf bestimmte Genres zu

spezialisieren, z. B. Krimis, historische Romane, Liebesromane, populäre Sachbücher, Kinderbücher oder Fantasy.
Wird ein Manuskript oder ein Exposé als vermittelbar eingeschätzt, beginnt die Phase des Anbietens. Eine Agentur bietet ihre Stoffe mehreren Verlagen gleichzeitig an und setzt eine Prüffrist. Je aussagekräftiger und komprimierter das Prüfmaterial ist, desto größer ist die Chance, frühzeitig Angebote zu erhalten. Der Agentur muss es gelingen, bereits im Anschreiben oder im Gespräch zu vermitteln, mit welchen Argumenten das Lektorat den Stoff innerhalb des Verlags präsentieren kann.
Nach Abschluss der Verhandlungen erstellt die Agentur den Vertrag zwischen Lizenzgeber und Lizenznehmer. Sie stellt Rechnungen über die vereinbarten Vorauszahlungen und überweist diese nach Abzug ihrer Provision an ihre Klienten. Sie überwacht den Eingang der halbjährlichen Tantiemenabrechnungen und der Autorenanteile aus Nebenrechtserlösen.

Je erfolgreicher ihre AutorInnen, desto erfolgreicher die Agentur

Der Erfolg einer Agentur steht und fällt mit dem kommerziellen Erfolg ihrer AutorInnen. Eine mittelgroße Literaturagentur vertritt um die dreißig bis vierzig AutorInnen und etwa ebenso viele ausländische Verlage. Dabei arbeiten seriöse Agenturen ausschließlich nach dem Erfolgsprinzip: Ihre Leistungen bezahlen die AutorInnen erst dann, wenn tatsächlich ein Verlagsvertrag zustande gekommen ist. Üblicherweise berechnen die Agenturen für ihre erbrachten Leistungen 15 % der Autorenhonorare bzw. bei ausländischen Klienten 10 % der Einnahmen aus dem Verkauf der deutschen Übersetzungsrechte.
Dieses Modell rechnet sich, sobald eine Agentur zwei bis drei sehr gut gehende AutorInnen unter Vertrag hat. Bis dahin freilich können Jahre vergehen, in denen die AgentInnen wenig oder nichts verdienen. Später greift das Prinzip der Mischkalkulation: Erfolgreiche AutorInnen sichern mit ihren Honoraren die Existenz der Agentur, die wiederum Aufbauarbeit in noch unbekannte AutorInnen investiert.

Viele LiteraturagentInnen haben ihre Erfahrungen auf der anderen Seite des Verhandlungstisches gesammelt: als LektorInnen oder MitarbeiterInnen in der Lizenz- oder Presseabteilung eines Verlags. Daran liegt es vermutlich, dass der Frauenanteil in den Agenturen überproportional hoch ist: Die meisten Agentinnen kommen aus Jobs, die sich vornehmlich mit Inhalten und Kontaktpflege beschäftigen – von jeher bevorzugte Betätigungsfelder von Frauen. Deshalb schrecken der immense Verwaltungsaufwand, die Kleinteiligkeit der täglichen Arbeit und der penible und verantwortungsvolle Umgang mit den Inhalten und Rechten anderer Personen Frauen vermutlich weniger ab als Männer.
Beim Vertragsabschluss ist Geschäftssinn gefordert. AutorInnen sind in der Regel nicht die geschicktesten Vermarkter ihrer eigenen Inhalte. Im Dickicht von Haupt- und Nebenrechten, alten und neuen Verwertungsrechten schätzen AutorInnen und Verlagsleute gleichermaßen die Professionalität von VerhandlungspartnerInnen auf Augenhöhe.
Der Autor oder die Autorin profitiert von der Zusammenarbeit mit einer Agentur, weil das Manuskript breit angeboten wird und ihm oder ihr nicht nur die gesamte Präsentations-

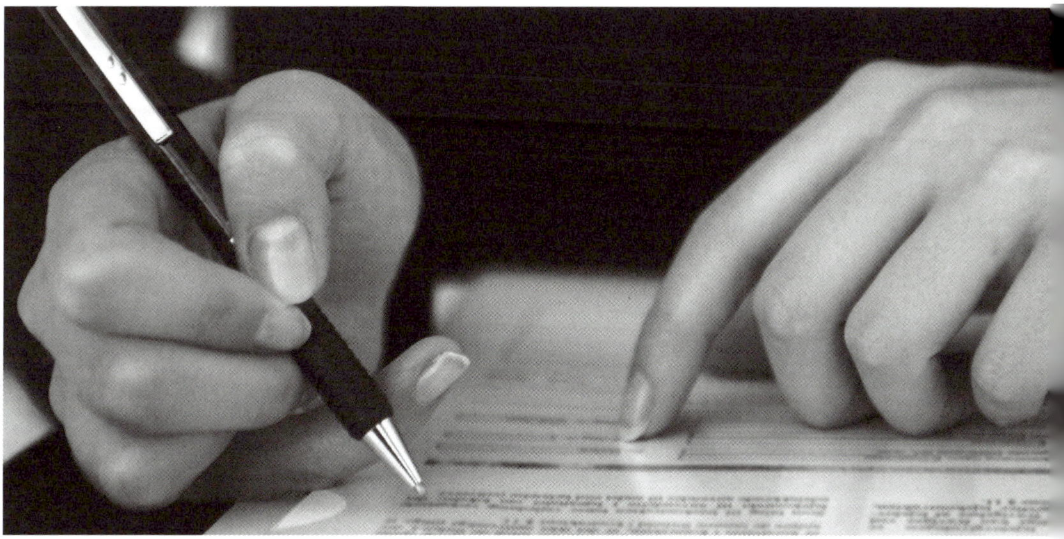

Pionierin der deutschsprachigen Agentinnen: Ruth Liepmann auf der Frankfurter Buchmesse 1977

arbeit abgenommen wird, sondern auch die Verhandlung des Autorenvertrags und die Kontrolle über seine Einhaltung. Ausländische Verlage schließlich schätzen die Kenntnisse ihrer Subagentur im Hinblick auf die deutschsprachige Verlagslandschaft und auf die spezifische Marktsituation in ihrem Sprachgebiet.

Für Frauen wie Männer hält der Beruf große persönliche Entfaltungsmöglichkeiten bereit. Wer die Abläufe im Verlagswesen kennt, wird es genießen, nicht im Korsett des täglichen Produktionsdrucks zu stecken. Die Beschäftigung mit Texten sowie der direkte Kontakt zu AutorInnen und ausländischen Klienten ist persönlich bereichernd. Die Unsicherheit der ersten Jahre der Selbstständigkeit zahlt sich irgendwann durch die Langlebigkeit des Produkts Buch aus. Ein erfolgreicher Titel, der mehrere Verwertungsstufen durchläuft, wird dem Autor oder der Autorin über mehrere Jahre hinweg Tantiemen bescheren – und damit der Agentur Provisionen. Frauen stoßen im Handel mit Rechten und Lizenzen nicht an die berühmte gläserne Decke. Das Geschäft ist international. Die großen Vorbilder des Agentenwesens sind überwiegend weiblich und sitzen in den USA, in England und der Schweiz.

Branchenschätzungen zufolge werden weltweit nahezu 70 % aller Neuerscheinungen auf dem Buchmarkt von Literaturagenturen vermittelt. In Deutschland spricht man von über 60 %. Dabei dürfte der Anteil der aus dem englischen Sprachraum vermittelten Lizenzen im belletristischen Bereich bei weit über 90 % liegen. Im angloamerikanischen Raum gelten Literaturagenturen seit Ende des 19. Jahrhunderts als fester Bestandteil des Verlagswesens. In Deutschland gab es seit der Nazi-Zeit bis Mitte der 1990er-Jahre nur eine Handvoll von ihnen. Inzwischen bieten im Internet etwa 200 deutschsprachige Literaturagenturen ihre Dienste an.

LiteraturagentInnen haben jahrelange Berufserfahrung und Kontakte in Lektorat, Lizenzabteilung, in einer Agentur oder als ÜbersetzerIn gesammelt. Sie sprechen mindestens zwei Fremdsprachen, davon Englisch perfekt. Auslandserfahrung ist kein Muss, aber von großem Vorteil. Psychologisches Einfühlungsvermögen, geistige Wendigkeit, Verhandlungsgeschick, Marktgespür und nicht zuletzt eine Leidenschaft für Bücher sind zwingend, um sich in diesem Geschäft zu etablieren. Formale Voraussetzungen gibt es für diesen Beruf nicht. In Deutschland, Österreich und der Schweiz gibt es keinen spezifischen Berufsverband. „LiteraturagentIn" ist keine geschützte Berufsbezeichnung. Jede Person, die sich in der Branche auskennt und die entsprechenden Kontakte hat, kann eine Agentur gründen.

Silke Weniger

Así es tu hombre
ANUARIO
Informtex
Conoce tu cuerpo
Hablando con tu hijo
Conserva la salud de tu familia
EL MUNDO DE LOS NIÑOS
LA CASA TORCIDA
TRAMPA ABIERTA
TORIAL

Am anderen Ende des Buchmarkts: Antiquariate

Wenn für einen Bereich der Buchbranche der Satz „Die Branche ist weiblich" nicht gilt, dann ist es das Antiquariatswesen. Die meisten Antiquariate werden von Männern geführt, auch wenn es scheint, als machten sich in den letzten Jahren immer mehr Frauen selbstständig. Auch die klassische Kundschaft ist von Männern geprägt. Männer sammeln eher Raritäten, so auch im Buchbereich, Frauen geben ihr Geld lieber für Neubücher aus, ihnen geht es oft mehr ums Lesen als um den Aufbau einer Sammlung. Natürlich hat es immer auch Frauen gegeben, die antiquarische Bücher sammelten oder verkauften, aber sie waren in der Minderheit.

Sowohl die Leitung als auch die Kundschaft von Antiquariaten ist meist männlich

AntiquarInnen sind meist selbstständig oder arbeiten in Partnerschaften zusammen. Von geregelten Arbeitszeiten kann nicht die Rede sein, denn neben den Ladenöffnungszeiten sind Bücher- und andere Märkte, Auktionen, Haushaltsauflösungen, Einkäufe bei Privatleuten sowie inzwischen die täglichen Gänge zur Post einzuplanen.

Durch die Verbreitung des Internets hat sich die Arbeit in Antiquariaten stark verändert. Anfangs, vor fast fünfzehn Jahren, schienen fast paradiesische Zeiten anzubrechen: Die Bestellungen strömten aus der ganzen Welt herein, viele fanden endlich, wonach sie schon seit Jahrzehnten suchten. Manche Bestellende nahmen sich die Zeit, ganze Titellisten durchzugucken oder gar den ganzen Online-Bestand eines Antiquariats.

Die Zahl der Anbietenden nahm stetig zu, schien hier doch schnelles Geldverdienen möglich.

Doch die Zeiten haben sich geändert: Inzwischen haben diejenigen, die lange auf der Suche nach bestimmten Titeln waren, diese häufig gefunden, zum anderen hat sich das Angebot im Internet immens vergrößert. Und nicht nur Antiquariate verkaufen ihre Bücher immer mehr oder ausschließlich über das Internet, sondern auch eine große Zahl an Privatleuten – wenn auch häufig ohne jeglichen Sachverstand. Sie bieten völlig unzulängliche Titelbeschreibungen und sorgen für fallende Preise. Preise von ein, zwei Euro oder noch weniger für ein antiquarisches Buch werden heute teilweise als normal empfunden.

Wo die einen noch ein Antiquariat aus Liebe zum Buch betreiben, es selbstverständlich finden, zu recherchieren, gute Titelbeschreibungen zu machen und die Vorlieben und Interessen ihrer Kundschaft sehr gut zu kennen, ist anderen nur noch die Masse wichtig. Stand früher das Wissen um Bücher im Vordergrund, meinen heute manche, dass die ISBN als Beschreibung genügen würde. Weil die ISBN aber erst in den 1970er-Jahren eingeführt wurde, beschränkt sich ein Großteil des Handels im Internet auf die letzten Jahrzehnte.

Die Unterschiede zwischen dem Handel mit Neu-, Gebraucht- und antiquarischen Büchern verwischen

Der Unterschied zwischen Gebrauchtbuchhandel (Handel mit Büchern, die zwar gebraucht, aber auch noch neu lieferbar sind) und antiquarischem Handel (also Handel mit Büchern, die nicht mehr neu lieferbar sind) verwischt immer mehr. Und durch Großanbieter, die versuchen, den festen Buchpreis dadurch zu unterlaufen, dass sie auf ihren Seiten neben dem Neubuch auch gebrauchte Exemplare anbieten, wird auch der Übergang zwischen Neu- und Gebrauchtbüchern fließend.

Eine Folge ist, dass Ladenlokale sich weniger auszahlen. Immer seltener nehmen sich KundInnen die Zeit, sich in Ruhe vor Ort umzugucken oder stundenlang nach Entdeckungen zu stöbern.

Die Datenbanken, über die Bücher angeboten werden, werden häufig von Leuten aus der IT-Branche betrieben, die nichts von der Arbeit in Antiquariaten wissen. Sie stellen Anforderungen an die Antiquariate, die z.T. völlig absurd sind. Die Namen der anbietenden Antiquariate werden zwar angegeben, aber die Bestellenden haben den Eindruck, bei einem Großanbieter zu bestellen, und interessieren sich nur höchst selten für das weitere Angebot des Antiquariats, bei dem sie bestellen. Teilweise bekommen die Antiquariate nicht mal

die E-Mail-Adressen der Bestellenden, sodass eine Kommunikation nur über die Datenbank möglich ist. Eine Kundenbindung soll nur zur Datenbank bestehen, nicht aber zum Antiquariat. Dass diese jedoch diejenigen sind, die durch ihre Ankäufe dafür sorgen, dass die Bücher überhaupt angeboten werden können, fällt dabei völlig unter den Tisch.
Auch die Portokosten werden von einigen Datenbanken festgelegt, mit der Folge, dass sie bisweilen den Gewinn übersteigen.

Die einzige positive Ausnahme bildet www.antiquariate.de, das von der *Genossenschaft der Internet-Antiquariate, GIAQ*, betrieben wird. Gegen die Branchenriesen, deren Bekanntheit und Werbeetat sie nicht erreichen können, ist jedoch nicht anzukommen.

Antiquariate sind in Deutschland zusammengeschlossen im *Verband deutscher Antiquare*, der Vereinigung von Buchantiquaren, Autographen- und Graphikhändlern, und international bei der ILAB, der *International League of Antiquarian Booksellers*. Ein reger Austausch findet auch auf Mailinglisten statt.

Der Arbeitsaufwand für den Online-Verkauf ist sehr hoch. Wurden die Bücher früher gepreist und ins Regal gestellt, nur einige ausgewählte für Kataloge beschrieben, muss heute auch für gängige Titel eine ausführliche Titelbeschreibung gemacht werden. Die Dateien in den verschiedenen Datenbanken müssen regelmäßig erneuert, Bestellungen verarbeitet und verschickt, Rechnungen für zahlreiche einzelne Bücher und Kleinbeträge geschrieben und in der Buchführung verarbeitet werden.

Manche Datenbanken verlangen Provisionen und Einstellkosten

Bei manchen Datenbanken wird für jedes bestellte Buch eine Provision in Rechnung gestellt. Einige verlangen zusätzlich für die Listung der Titel Einstellkosten, sodass man für die eingestellten Bücher monatlich einen Festbetrag bezahlt, abhängig von der Anzahl der Titel. An einem Buch, das lange braucht, bis es verkauft wird, wird dadurch kaum noch etwas, wenn überhaupt, verdient.

Auch Vereine, Kirchenverbände etc., die zwar einen Gewerbeschein vorweisen können, Bücher aber gratis bekommen, keine Ladenmiete bezahlen und mit Ein-Euro-Kräften arbeiten, die die Titelbeschreibungen erledigen, machen den Antiquariaten zu schaffen.

Die einzige Chance, sich auf dem Markt zu behaupten und sich nicht allzu sehr von zufälligen Online-Bestellungen abhängig zu machen, ist die Pflege des eigenen KundInnenstamms. Wer weiß, woran die KundInnen interessiert sind,

kann gezielt einkaufen und gerichtet anbieten, sei es an Privatpersonen oder an Bibliotheken oder Archive. Wer gut versorgt wird, wird auch wiederkommen und nicht wahllos im Internet nach dem billigsten Buch suchen. Anders als Privatanbietende sind Antiquariate verpflichtet, Bücher innerhalb von zwei Wochen in gleichem Zustand wieder zurückzunehmen. Niemand muss also auf einem Buch sitzen bleiben, das in erheblich schlechterem Zustand ankommt als angegeben.
Kurzum: Sowohl der Arbeitsaufwand als auch die Kosten sind in den letzten Jahren massiv gestiegen, der Verdienst jedoch ist eher gesunken. Immer mehr Antiquariate haben daher schon schließen müssen – auch wenn die Liebe zu alten Büchern nach wie vor bleibt.

Doris Hermanns

BIBLIOTHEK

BibliothekarIn – Zwischen Tradition und Innovation

Die berühmtesten Bibliothekare der Kulturgeschichte waren Männer: Leibniz, Lessing, Casanova, Mao Tse-tung und Jorge Luis Borges z. B. arbeiteten zumindest teilweise in Bibliotheken.

Mit einer fortschreitenden Professionalisierung bibliothekarischer Arbeit verabschiedete sich vergleichbare Prominenz. Bibliotheken wurden zu einem Arbeitsfeld für Frauen. Heute sind wohl geschätzte 90 % der Tätigen in Bibliotheken Frauen. In früherer Zeit boten sich die Bibliotheken an als Arbeitsplatz für „höhere Töchter“ mit literarischen und pädagogischen Ambitionen sowie der Fähigkeit zu akribischer und geduldiger „Kilometerarbeit“. Die Karikatur war das graue, verhuschte, vielleicht auch moralinsaure Mäuschen. Von wenigen Pionierinnen abgesehen, leiteten Männer die Bibliotheken.

Von der „grauen Maus“ zur modernen Bibliotheksleiterin

Dies Bild hat sich in den vergangenen Jahrzehnten nach und nach entschieden gewandelt. Bibliotheken entwickeln sich zu allseits beliebten und hoch geschätzten Orten mit attraktiven medialen, sozialen und kulturellen Angeboten und kundenfreundlichem Service.

Fantasievolle Programme der Kinderbüchereien fördern Lese- und Medienkompetenz. Für lebenslanges Lernen ist die Bibliothek – auch in Zusammenarbeit mit anderen Institutionen – ein idealer Ort. Innovationskraft, Change Management, Marketing, Kommunikationsfähigkeit gehören zum Instrumentarium gegenwärtiger Bibliotheken. Es entstanden und entstehen Bibliotheksgebäude, die als Leuchttürme moderner Architektur gelten.

Seit etwa 20 Jahren übernehmen immer mehr Frauen die Leitung von großstädtischen Bibliotheken und von großen wissenschaftlichen Bibliotheken. Sie sind an den Standorten erfolgreich und häufig auch brillante Botschafterinnen auf internationalem Parkett.

Der überwiegende Teil aller im Bibliothekswesen Tätigen arbeitet im öffentlichen Dienst und somit nach den Regeln der

entsprechenden Tarifverträge. Zu unterscheiden sind drei Laufbahnen:

- Fachangestellte für den Medien- und Informationsdienst. Voraussetzung für den dreijährigen Lehrberuf ist der Hauptschulabschluss. Eingangsstufe Bruttogehalt: 1.800 €, Endstufe Bruttogehalt: 2.400 €
- Diplom-Bibliothekare wurden in einem sechssemestrigen Studium an Fachhochschulen ausgebildet. Eingangsvoraussetzung ist das Abitur. Das Studium ist umgestellt. Ein sechssemestriges Studium führt zum BA, weitere vier Semester führen zum MA. Eingangsstufe Bruttogehalt: 2.200 €, Endstufe Bruttogehalt: 3.400 €.
- An wissenschaftlichen Bibliotheken gibt es traditionell den „Höheren Bibliotheksdienst", der ein wissenschaftliches Studium und eine zusätzliche Ausbildung voraussetzt. Bezahlung: entsprechend Studienräten z. B.

Durch die Regelungen des öffentlichen Dienstes werden Frauen und Männer gleich bezahlt. Hervorzuheben ist die auch für Angestellte relativ gute Alterszusatzversorgung. Frauen profitieren von meist recht großzügigen Regelungen für Erziehungszeiten. Die Kehrseite ist, dass andere Frauen nur befristete Stellen haben, da sich die Stelleninhaberinnen in Elternzeit befinden. Im Allgemeinen lassen sich Teilzeitregelungen gut realisieren. Die Arbeitszeit richtet sich nach den Regeln des öffentlichen Dienstes. Im Publikumsbetrieb muss mit abendlichen Spätdiensten und Samstagsdiensten gerechnet werden.

Karriereschritte sind nur mit dem Wechsel zu Aufgaben mit höherwertigen Tätigkeiten entweder innerhalb des Bibliothekssystems oder in einer anderen Bibliothek möglich. Allerdings macht der öffentliche Tarifvertrag einen Ortswechsel durch eine Art finanzielle Rückstufung unattraktiv.

Beobachten lässt sich auch, dass Frauen gründlich überlegen, ob sich eine Leitungsfunktion mit großer Verantwortung und hohem Arbeits- und Zeitaufwand mit der eigenen Lebensplanung verbinden lässt.

Der ungeheure Wandel des Bibliothekswesens von einer „Ausleihbibliothek“ zu einem multimedialen Informations- und innovativen Kulturzentrum ist in den Tätigkeitsmerkmalen des Tarifvertrags nicht abgebildet. Die Tätigkeitsmerkmale stammen – unglaublich – aus den fünfziger Jahren des vergangenen Jahrhunderts. Vielfältige Proteste haben nicht dazu geführt, dass Arbeitgeber und Gewerkschaften zeitgemäße Tätigkeitsmerkmale aushandeln. Ob das an der Weiblichkeit des Berufs liegt, am geringen gewerkschaftlichen Organisationsgrad oder an der zu kleinen Zahl der Beschäftigten in den Bibliotheken (etwa 30.000) sei dahingestellt. Der Personalverband aller Beschäftigten in Bibliotheken und Informationseinrichtungen (www.bib-info.de) engagiert sich auf diesem Terrain und in vielen anderen Fragen.
Die Wertschätzung, die Bibliotheken in der Öffentlichkeit und von den Bibliotheksträgern erfahren, ist sehr hoch. Das verhindert nicht, dass Bibliotheken immer wieder als Einsparpotenzial in finanziellen Krisen genutzt werden, denn Bibliotheken sind in Deutschland freiwillige Aufgaben. Für alle im Bibliothekswesen Beschäftigten bedeutet das unablässiges Engagement, Kampf gegen aufkommende Frustration, beständige Optimierung der Arbeit, unermüdliche Lust an neuen Ideen und Dienstleistungen und deren Realisierung. Klingt das nach Selbstausbeutung? Begeisterung, Leidenschaft für den Beruf lässt die Frage eher selten aufkommen.

Hannelore Jouly

Psychologie
O Sprache
PPg
P

Frauenkarrieren und Quotenmänner. Einstieg in der Buchbranche

Im Herbst 2007 feierte der erste Jahrgang der Münchner Buchwissenschaft (26 Frauen und 8 Männer) sein 20-jähriges Jubiläum. Es bot aufschlussreiche Einblicke in die Berufskarrieren des Branchennachwuchses. Das Spektrum reichte von der Verlags- und Sortimentsgründung über die Geschäftsführung großer Filialisten bis zur Abteilungsleitung in Verlagen, von freien und angestellten Wissenschaftspublizisten und Übersetzerinnen bis zu PR-Frauen und Lektorinnen jeder Couleur. Zugleich aber wurde mir, die den Studiengang mitbegründet und die AbsolventInnen als Dozentin in den Beruf begleitet hatte, bestürzend deutlich, wie stark die Karrieren der Frauen geprägt, ja, teils auch gebrochen waren vom Wunsch, Beruf und Familie unter einen Hut zu bringen.

Der Wunsch nach einer Verbindung von Beruf und Familie prägt die Karrieren vieler Frauen

Gestartet waren alle unter gleichen Bedingungen: einem mit Prädikatsexamen abgeschlossenen Fachstudium unterschiedlicher Richtungen zwischen Medizin, Pharmazie, Jura, Sprach- und Geisteswissenschaften, das durch das zweisemestrige Aufbaustudium berufspraktisch konkretisiert worden war. Der Einstieg in die Buchbranche erfolgte in den turbulenten Jahren unmittelbar nach der Wende.

Eine solche Ausbildung war damals neu in der Branche; denn darum hatte man sich dort (Sortimenter einmal ausgenommen) lange Zeit wenig gekümmert. Es galt noch immer das tradierte Prinzip des Learning by Doing. So wurde die Buchwissenschaft der Verlagsstadt München zur Vorreiterin für eine speziell auf die Buchbranche zugeschnittene akademische Ausbildung; zunächst mit dem zweisemestrigen Aufbaustudium, dann mit einem grundständigen Diplomstudiengang. Andere Unis folgten: Mainz baute den seit 1947 bestehenden Gutenberg-Lehrstuhl zum praxisbezogenen Buchwissenschaftsstudium aus; Leipzig und Erlangen schlossen sich an. Hinzu kommt mittlerweile ein breites Angebot von Fachhochschulen, Fachakademien und privaten

Instituten. Die akademischen Studiengänge betonen ihren wissenschaftlichen Anspruch und ihre zumindest partiell buchhistorische Ausrichtung schon im Namen: Buchwissenschaft. Sie sind – mit Ausnahme des Münchner Aufbaustudiums – als Vollstudium angelegt, mit Tendenz zu den neuen, international anerkannten, inzwischen aber auch sehr umstrittenen Abschlüssen Bachelor/Master (BA/MA). Diese Entwicklung lässt die traditionellen, akademisch konnotierten Begriffe *Buch* und *Wissenschaft* immer mehr in den Hintergrund treten; nach vorn drängen zukunftsorientierte, wirtschafts- und globalisierungsaffine Bezeichnungen wie Verlags- und Medienmanagement, Medienwirtschaft Digital und Print, Mediapublishing oder Medientechnologie. Sie sind vor allem an den Fachhochschulen von Stuttgart und Ravensburg bis zur Hochschule für Technik, Wissenschaft und Kultur (HTWK) Leipzig sowie bei privaten Anbietern verbreitet.

Viel von sich reden machen in letzter Zeit auch die traditionsreichen *Schulen des deutschen Buchhandels* in Seckbach mit ihrem neuen Auftritt als *mediacampus frankfurt*. Neben den Berufsschul-Lehrgängen für die klassischen Ausbildungsberufe im Buchhandel (BuchhändlerIn) und in Verlagen (Medienkauffrau/-mann) bieten sie in Kooperation mit der *School of Management and Innovation/Steinbeis Hochschule Berlin* inzwischen auch einen Bachelorabschluss für die Buchbranche in verschiedenen Varianten als berufsbegleitendes Studium an.

Immer größere Vielfalt bei den Ausbildungsmöglichkeiten

Es ist unübersehbar: Die Ausbildungsmöglichkeiten boomen. Und sie vermehren sich fast im umgekehrten Verhältnis zu den Karrierechancen, die die krisengeschüttelte Branche derzeit bietet.

Dass die Vielfalt der Buchberufe in letzter Zeit immer mehr herausgehoben wird, geht auch auf das Ergebnis einer Studie der *Gesellschaft für Konsumforschung* zurück, die der *Börsenverein* 2009 in Auftrag gab. Die Studie zeigt, dass der Beruf der BuchhändlerIn vor allem bei SchülerInnen nicht gut

angesehen ist, weil Zweifel an seiner Zukunftsfähigkeit bestehen und weil man hier so wenig verdient. Das Image des Berufs Medienkauffrau/-mann hebt sich davon positiv ab.

Der Nachwuchs ist ganz überwiegend weiblich

Der Nachwuchs, der sich auf die prekären Bedingungen in den Buchberufen einlässt, besteht nach wie vor mehrheitlich aus Frauen; Tendenz steigend. Das belegt – auch wenn es keine statistische Relevanz beanspruchen kann – das Beispiel der Münchner Buchwissenschaft. Schon im ersten Jahrgang waren dort rund 75 % der Studierenden weiblich. Heute sind es 90 %, garniert mit vereinzelten Quotenmännern.

Warum das so ist? Das ist oft beschrieben worden. Die jungen Frauen landen in der Buchbranche in aller Regel aus Leidenschaft – für Bücher, fürs Lesen, fürs Literaturmilieu in all seinen Formen. Die Tendenz, Studienfach und Berufsziel primär nach häufig idealisiert-identifikatorischen Kriterien zu wählen und dabei realitätsbezogene Aspekte wie Karrierechancen und Einkommen zu vernachlässigen, ist ausgeprägt. Entsprechend stark ist der Trend zum geistes- und kulturwissenschaftlichen Studium, auch wenn die Wahrscheinlichkeit groß ist, dass der Job danach unterbezahlt und ausbeuterisch sein könnte.

Alle, die eine Ausbildung in der Buchbranche gemacht haben, kennen sie: die Schulen des deutschen Buchhandels, *heute* mediacampus frankfurt

Praxiserfahrung ist eine Voraussetzung fürs buchwissenschaftliche Studium

Um diese prekäre Realität präsent zu halten und auch, um auf die in der Praxis erworbenen Fähigkeiten aufbauen zu können, verlangt die Münchner Buchwissenschaft vor Einstieg ins Studium Praxiserfahrung: eine abgeschlossene Lehre in einem Branchenberuf für das Diplom, ein viermonatiges Praktikum für das Aufbaustudium. Das schafft die nötigen Voraussetzungen und erleichtert, vor allem wenn diese während des Studiums in Jobs aktualisiert und vertieft werden, später den beruflichen Einstieg, meist in Form des Volontariats. Das aber ist inzwischen von der Einstiegshilfe zum Dauerzustand in der Warteschleife verkommen. Volontärsstellen gehören heute – ähnlich wie die der Zivis im Sozialdienst – zum Festbestand vieler Verlage, ohne die sie und vor allem ihre Lektorate wirtschaftlich nicht mehr funktionieren. Und die BerufseinsteigerInnen bewegen sich oft jahrelang von Volontariat zu Volontariat – schlecht bezahlt und ohne reale Chance, danach auf eine feste Stelle übernommen zu werden.

Ist der Einstieg in die Buchbranche gelungen, so erweist sich nach meinen Erfahrungen der Wunsch, den Beruf mit der Familie zu vereinbaren, immer noch als ein großes Karrierehindernis – vor allem für Frauen. Der Preis ist oft der Rückzug in eine berufliche Nischenexistenz unter Verzicht auf Aufstieg innerhalb eines Unternehmens.

Die Buchbranche ist zwar weiblich – Chefetagen aber sind davon noch immer weitgehend ausgenommen.

Edda Ziegler

Ausblick

Die Ergebnisse der Studie und die Einblicke vor allem in die Arbeitssituation der kreativen Berufe zeigen deutlich: In der Buchbranche wird erschreckend wenig verdient, obwohl die, die dort arbeiten, sehr gut ausgebildet und hoch motiviert sind.
Erstaunlich ist, dass die Büchermenschen trotzdem immer noch zum großen Teil zufrieden sind in ihren Berufen. Aber bleibt das so? Will die Buchbranche nicht zu einem Berufsfeld werden, das viele nach ein paar Jahren wieder verlassen, weil sie nicht bereit sind, länger zu solchen Konditionen zu arbeiten, muss sie dringend etwas tun, um ihre Fachkräfte zu halten. Die Liebe zum Buch trägt nicht alles.
Handlungsbedarf besteht hier vor allem gegenüber den Frauen. Sind die Einkommen in der Branche schon generell niedrig, verdienen Frauen außer beim Berufseinstieg und in Teilzeitstellen in allen Bereichen, allen Hierarchiestufen und auch als Freiberuflerinnen oder Selbstständige im Durchschnitt immer noch sehr viel weniger als ihre männlichen Kollegen. In dieser Hinsicht scheint sich in den letzten Jahren nicht viel verändert zu haben – und das, obwohl die Frauen sehr gut ausgebildet sind. Doch: Während sich ein höherer formaler Abschluss bei Männern positiv auf das Gehalt/Einkommen auswirkt, ist das bei Frauen keineswegs der Fall.
Ähnlich sieht es mit den Aufstiegschancen der Frauen aus. Sicher, Frauen sind heute häufiger in Führungspositionen vertreten als noch vor 20 Jahren. Prozentual betrachtet entspricht ihre Rolle in den höheren und hohen Etagen aber nicht annähernd ihrem Anteil in der Branche. Das Interessante an der vorliegenden Studie ist, dass hierfür nicht die Doppelbelastung der Frauen durch zu versorgende Kinder als Grund ins Feld geführt werden kann, da mehr als zwei Drittel der Befragten kinderlos sind. Kinder zu haben, das zeigt auch unsere Studie, wirkt sich allerdings durchaus auf das Einkommen aus, und zwar auf paradoxe Weise: Väter

verdienen mehr als kinderlose Männer, Mütter weniger als kinderlose Frauen.

Die Forderungen nach gleicher Bezahlung und gleichen Aufstiegschancen für Frauen und Männer in den Buchberufen sind also längst nicht vom Tisch – die Zahlen sprechen eine deutliche Sprache. Es ist an der Zeit, dass die Branche tragfähige Konzepte entwickelt, um diesen Missstand endlich zu beheben. Es ist aber auch an der Zeit, dass die Frauen in der Branche ein noch klareres Bewusstsein für den Wert ihrer Arbeit bekommen und ihre berufliche Entwicklung zielstrebiger planen. Haben sie in der Vergangenheit vor allem auf Qualifizierung gesetzt, um ihre Karriere voranzubringen, sollten sie in Zukunft ihr Augenmerk vielleicht stärker auf Coaching und Vernetzung legen. Das Mentoring-Programm der *BücherFrauen* und auch die *BücherFrauen*-Akademie bieten hierfür interessante Foren, in denen nicht nur Wissen vermittelt wird, sondern auch ein Austausch über Verhandlungstechniken und Selbstbehauptungsstrategien stattfindet. Wir laden alle herzlich ein, daran teilzunehmen!

Karina Schmidt

Mentoring für *BücherFrauen*

Die Mentoring-Programme der *BücherFrauen* bringen weibliche Nachwuchskräfte mit gestandenen Frauen aus der Buchbranche zusammen. Ein Jahr lang wird die Mentee von der berufserfahrenen Mentorin beraten und in ihrer Karriere unterstützt, die Mentorin wiederum erhält Einblick in die Fragestellungen einer jüngeren Kollegin.
In München, Berlin, Stuttgart, Hamburg, Köln und Frankfurt fanden in den letzten Jahren erfolgreich Mentoring-Projekte statt, in einigen Regionalgruppen laufen sie bereits zum wiederholten Mal.
Informationen unter www.buecherfrauen.de

women in **Bücherfrauen** publishing

Die *BücherFrauen*-Akademie

„Netzwerk statt Schule" – unter diesem Motto bieten die *BücherFrauen* regelmäßig überregionale Wochenend- und Online-Seminare an, die sich an Festangestellte und Freiberuflerinnen aus allen Buchberufen richten. Die *BücherFrauen*-Akademie versteht sich als Ort des professionellen Wissensaustauschs und der überregionalen Vernetzung von Frauen aus der Buchbranche. Die Themen reichen von „Onlinemarketing" und „E-Publishing" über „Textarbeit" bis zu „Selbstcoaching" und „Verhandlungstechniken".
Informationen unter www.buecherfrauen.de

Bildnachweis

Seite 10: Ben Petersen und Anna Marquardt, www.medienschule-hamburg.de; Seite 13: picture alliance/Mary Evans Picture Library; Seite 17: Interfoto; Seite 20: Ben Petersen und Anna Marquardt, www.medienschule-hamburg.de; Seite 82: © Franz Pfluegl – Fotolia.com; Seite 85: © dpa – Report; Seite 86: Europäisches Übersetzer-Kollegium in Straelen, © dpa; Seite 87: © Junial Enterprises – Fotolia.com; Seite 88: © Ebba D. Drolshagen; Seite 90: © Robert Brandt; Seite 96: © zzcapture – Fotolia.com; Seite 99: © Yuri Arcurs – Fotolia.com; Seite 100: © Isolde Ohlbaum; Seite 102: © Kerstin Meier – Fotolia.com; Seite 105: Ben Petersen und Anna Marquardt, www.medienschule-hamburg.de; Seite 107: Ben Petersen und Anna Marquardt, www.medienschule-hamburg.de; Seite 108: Visualisierungen der geplanten neuen Bibliothek in Stuttgart, © Yi Architects; Seite 110: Stuttgarter Stadtbibliothek, © dpa – Fotoreport; Seite 112: mediacampus frankfurt, © nodesign; Seite 115: © Yuri Arcurs – Fotolia.com; Seite 116: © nodesign; Seite 118: picture alliance/Beyond.

Irmela Erckenbrecht studierte Anglistik und Sozialwissenschaften in Göttingen und Bristol. Sie ist seit 1984 freiberufliche Übersetzerin mit inzwischen über 100 veröffentlichten Übersetzungen und seit 1994 Autorin von bisher 12 Koch- und Gartenbüchern sowie Ernährungsratgebern.

Foto: Rainer Lutter

Prof. Dr. Romy Fröhlich ist Professorin für Kommunikationswissenschaft am Institut für Kommunikationswissenschaft und Medienforschung der Ludwig-Maximilians-Universität in München. Ihre Forschungsschwerpunkte sind Berufsfeldforschung (Medienberufe), Public Relations und Nachrichtenforschung. Für diese Bereiche forschte sie auch an Universitäten in den USA und in Australien.

Foto: privat

Judith Grubel studierte in Leipzig und Manchester Germanistik, Journalistik und Anglistik und arbeitet heute im Kindersachbuch-Lektorat des Gerstenberg Verlags in Hildesheim. Da die Mehrzahl der Bücher, die sie betreut, reich illustriert ist, steht sie in regem Austausch mit vielen IllustratorInnen.

Foto: privat

Foto: privat

Doris Hermanns studierte Pädagogik und Soziologie in Bielefeld und lebt seit 1990 in den Niederlanden, wo sie als Antiquarin arbeitet, seit 1996 selbstständig. Sie hat sich auf Bücher von und über Frauen spezialisiert. Seit 2000 ist sie außerdem in der Redaktion der „Virginia Frauenbuchkritik".

Foto: Gudrun Bublitz

Hannelore Jouly ist Diplom-Bibliothekarin und war bis 2001 Direktorin der Stadtbücherei Stuttgart. Im Auftrag des Goethe-Instituts u. a. war sie mit Vorträgen und Seminaren in vielen Teilen der Welt tätig. Heute arbeitet sie in ihrem eigenen Beratungsbüro coaching+culture in Stuttgart und ist Vorsitzende des Trägervereins der Stuttgarter Volkshochschule.

Foto: Ebba D. Drolshagen

Karen Nölle studierte Anglistik, Romanistik, Germanistik und Philosophie und ist seit 1985 freie Literaturübersetzerin und Lektorin. Sie gibt zahlreiche Textseminare und ist Mitbegründerin der BücherFrauen-Akademie. Seit 2010 ist sie außerdem eine der beiden Herausgeberinnen der *edition fünf*.

Tamara Weise machte eine Ausbildung zur Herrenmaßschneiderin und später zur Buchhändlerin. Danach studierte sie Informationswissenschaft, Organisations- und Medienpsychologie sowie Neuere Deutsche Literaturwissenschaft in Saarbrücken. Seit 2008 ist sie Redakteurin beim „Börsenblatt – Wochenmagazin für den Deutschen Buchhandel".

Foto: privat

Silke Weniger studierte Kommunikationswissenschaft, NDL und Soziologie in München und arbeitet seit 1986 in der Verlagsbranche, davon 10 Jahre bei Agence Hoffman. Anfang 2000 übernahm sie die Literarische Agentur Brigitte Axster aus Frankfurt, die sie seitdem unter ihrem Namen in München weiterführt. 2010 gründete sie außerdem den Verlag Silke Weniger, in dem die *edition fünf* erscheint.

Foto: Robin Rehm

Dr. Edda Ziegler ist Autorin literaturwissenschaftlicher Sachbücher, Dozentin am Institut für Deutsche Philologie der Ludwig-Maximilians-Universität München (LMU) und Mitbegründerin der buchwissenschaftlichen Studiengänge. Derzeit ist sie Studienleiterin im Zentrum Seniorenstudium der LMU.

Foto: privat

Frauen machen Bücher
(hrsg. v. Gabriele Kalmbach)
ISBN 3-89741-046-X
Paperback, 214 S.
15,90 EUR / 29, – SFr
erschienen 2000

„Frauen machen Bücher", eine Sammlung von Porträts und Interviews, würdigt – stellvertretend für viele andere – rund 45 Frauen, die Bücher machen. Geschildert werden Lebensläufe und Bildungswege, Motivationen, Ziele und Herausforderungen: Weibliche Karrieren und Biographien rund ums Buch. Das Büchermachen ist eine Branche, die auch Quereinsteigerinnen und Selfmade-Women Raum lässt. Darum liefert dieses Mosaik weiblicher Karrieren und Biographien auch Auszubildenden, Studentinnen und Berufseinsteigerinnen wertvolle Anregungen und dokumentiert zugleich Vernetzungen und tägliche Frauensolidarität.
Herausgeberin Dr. Gabriele Kalmbach ist Mitglied des Vereins *BücherFrauen e. V.*

Die Freundinnen der Bücher (Bd. 1):
Buchhändlerinnen
(hrsg. von Bärbel Wegner)
ISBN 3-89741-033-8
Paperback, 226 S.
15, – EUR / 27,30 SFr

Kurzweilig und informativ ergründet dieses Buch erstmals den Alltag von Buchhändlerinnen gestern und heute, in großen und kleinen Städten, über die Freude an der Vermittlung und über das gelegentlich wiederkehrende Phänomen des „Kunden" ...

Die Freundinnen der Bücher (Bd. 2):
Buchhändlerinnen – Antiquarinnen – Bibliothekarinnen
ISBN 3-89741-102-4
Paperback, 204 S.
15,– EUR / 27,30 SFr

Sie wirken in Sortimenten oder in Antiquariaten, verbinden in Bibliotheken und literarischen Salons Leselust mit Wissensfreude: die „Freundinnen der Bücher". Einfallsreichtum, originelle Ideen und die alltäglichen Leistungen von Frauen in der Buchbranche zu würdigen ist Anliegen dieses Bandes, der damit mehr Licht in den ‚Dunklen Kontinent' des Buchhandels bringt. Denn noch immer ist „der Buchhändler" meistens eine Frau ...